AMLETICA LEGGERA

Collana diretta da
STEFANO BARTEZZAGHI

VALENTINA CREPAX

IO E L'ASINO MIO

Storie dei Crepax raccontate da Valentina

con una lettera di Natalia Aspesi all'autrice

BOMPIANI

www.giunti.it
www.bompiani.it

Via Bolognese 165, 50139 Firenze - Italia
Via G.B. Pirelli 30, 20124 Milano - Italia

Per le foto di pagina 14, 26, 28, 30-31, 36, 46, 55, 112-113, 199, 244, 276-277, 279 e per i disegni di Guido Crepax in copertina e a pagina 15, 106, 122 e 280 si ringraziano Caterina, Antonio e Giacomo Crepax.

Si ringraziano Alice Crepax, Caterina Crepax, Antonio Crepax, Nicola Crepax e Michele Lupi per il loro contributo alla presente opera

L'editore dichiara di aver fatto tutto il possibile per identificare i proprietari dei diritti delle foto di pagina 28 e 279 ribadisce la propria disponibilità a regolarizzare gli stessi.

ISBN 978-88-301-0288-0

Prima edizione: settembre 2020

INDICE

Avviso ai lettori

In questo libro, per non fare confusione, si parla dei vivi da vivi e dei morti da vivi. Ogni tanto. (Esclusi gli animali che quando sono morti lo sono per davvero).

Tutti i personaggi sono veri e li ringrazio molto di esistere e di essere più o meno tale e quale a come li racconto. Altrimenti non mi sarei divertita così tanto. Ringrazio anche le mie amiche cretine che mi stimano tanto da farmi sentire quasi cretina come loro. Ma più di tutti ringrazio l'Alice che mi fa sempre ridere perché "Tutti i migliori sono matti" (cit.).

Alla mia maestra, che avendo suggerito in anticipo a mia madre le domande che mi avrebbe fatto mi ha permesso di superare l'esame di quinta elementare.

Introduzione

Sono nata nel 1952 che non era più dopoguerra ma era pur sempre dopo la guerra. Si respirava un'aria piena di prospettive. Mio nonno Gilberto era un violoncellista molto stimato cui mia nonna riservava il marron glacé più grosso da un vassoio di marron glacé tutti uguali (le mie nipoti più astute pesano le rotelle di liquerizia alla ricerca di un'equità al milligrammo). Mia nonna rivoltava cappotti vecchi per farli sembrare nuovi e girava la città con un taccuino, copiava l'ultima moda dalle prime vetrine di prêt-à-porter per poterla riprodurre e indossare con la grazia che le era naturale (solo Gabriele Abbado aveva osato farle notare che teneva i piedi a papera, del resto tra i tre fratelli è stato quello che ha avuto una carriera un po' meno luminosa). Mio zio Guido aveva diciotto anni e stava per iscriversi alla facoltà di architettura suonando jazz con le mani a coppa davanti alla bocca. Disegnava sempre, era distratto e non apprezzava l'ironia perpetua di mio padre. Più tardi ho capito anch'io che può davvero essere snervante. Andavano all'Idroscalo con la bici da corsa. Ci andava anche una certa Marisa Borella, un flirt

Mio nonno era un violoncellista molto stimato.

di Guido, bellissima bionda con le trecce e un sedere talmente notevole che, messo in risalto dalla posizione bicidacorsa, una volta li aveva costretti a tornare a casa velocemente per sfuggire alla folla impazzita che la voleva baciare. Guido ha sempre stravisto per i sederi e la Marisa in bici si ritrova spesso nei suoi disegni, vista da dietro ovviamente. Ma allora i fratelli Crepax, sederi a parte, vivevano soprattutto per Fausto Coppi. Era l'anno in cui il Campionissimo, il 17 luglio, un mese esatto dopo la mia nascita, vinceva la nona e ultima tappa del Tour de France, l'anno della famosissima foto in cui Bartali e Coppi si scambia-

Guido ha sempre stravisto per i sederi e la Marisa in bici si ritrova spesso nei suoi disegni.

no la borraccia in corsa. Adriano De Zan era amico di mio zio, pedalava con loro e sognava di fare il giornalista sportivo come poi ha fatto. Franco, mio padre, appena laureato inutilmente in legge, si arrabattava al botteghino del Piccolo Teatro e faceva il reporter alla radio per una specie di radiogiornale dove inventava tragici fatti di cronaca per creare aspettative e quindi seguito negli ascoltatori. Ma mio padre soprattutto faceva il fico. Il suo scopo era *épater le bourgeois* (dal dizionario: meravigliare a buon mercato la gente con affermazioni, parole, atteggiamenti e abiti spregiudicati e anticonformisti). Tant'è vero che mia madre (detta in seguito la madre di mia sorella perché per lei ha sempre avuto una spiccata predilezione) mentre passeggiava con Emilio Tadini, il fidanzato di quel momento, l'ha individuato in corso Venezia: "Chi è quello che viene avanti con la camicia fuori dai pantaloni, una scarpa rossa e l'altra gialla?" "Ahahah, quello è Crepax!" le ha risposto l'Emilio decretando così la fine della sua storia d'amore e dando un grosso dispiacere a suo papà, il tipografo, che era il solo a volere veramente bene alla Luciana, il cui padre era morto di setticemia prima che lei nascesse. A Napoli. Forse è stata proprio la morte precoce di Pasquale Parisi, giornalista, a inculcare in mia madre quell'abilità tragicomica con punte di sadismo sentimentale che esercitava su di noi bambini raccontando fatterelli della sua infanzia squattrinata, della vita con una mamma sempre vedova che preferiva il figlio maschio (chimico e tacciato di portar sfortuna, sfollato in Svizzera e preso in carico da Giorgio Strehler per

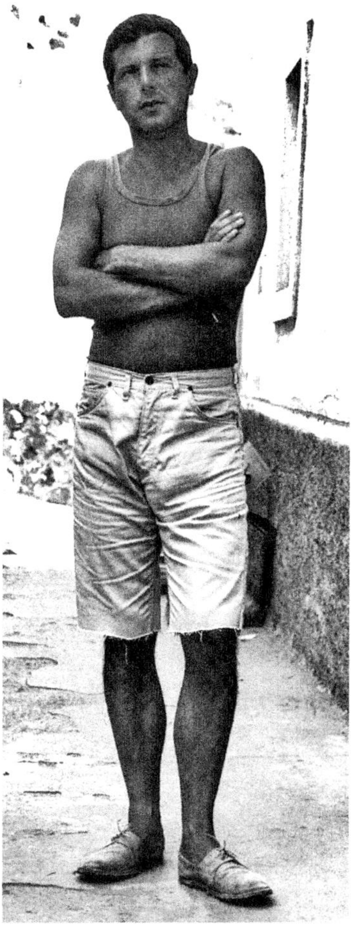

Il suo scopo era *épater le bourgeois* (dal dizionario: meravigliare a buon mercato la gente con affermazioni, parole, atteggiamenti e abiti spregiudicati e anticonformisti).

la parte del menagramo in una commedia di Pirandello), cui riservava fettone di carne mentre all'affamata Luciana non restava che pulire il piatto con il pane, di zie sempre innamorate dell'uomo sbagliato, di quei panini con la frittata che cadeva nella sabbia di Vico Equense e si doveva ripulire soffiando via i granelli perché altro da mangiare non c'era. E noi con il visino solcato da qualche lacrimuccia ridacchiavamo. Non importa se la grassa e ridanciana nonna inglese le leggeva il *Circolo Pickwick* facendo sobbalzare la pancia dalle risate, erano più belle le storie tristi.

Anch'io ero grassa e ridanciana, precisa identica a adesso. Nei primi cinque anni della mia vita mi sono stati imposti due fratelli, Margherita e Nicola; tutti in casa hanno preso gli eventi, assai ravvicinati tra loro, addirittura con entusiasmo e qualche volta mi sono adeguata anch'io al clima di letizia senza però mai capire se fosse stata una scellerata scelta obbligata o un caso al quale doversi rassegnare. Per fortuna mia nonna ha sempre preferito me. Credo.

Comincia così, grosso modo, la storia di una famiglia veneto-napoletana, ma alla fine milanese, della borghesia... potrei dire illuminata ma mi sembra più opportuno definirla incandescente, finita suo malgrado alla ribalta grazie ai fratelli Crepax: Guido perché è Guido e Franco perché è Franco. Io ne sono la vittima privilegiata.

IO E L'ASINO MIO

Mia madre
(prima parte)

La famiglia di mio padre, al momento delle nozze riparatrici non ha dato alle labbra la piega di un sorriso. Qualcuno, ignorando la mia imminente venuta al mondo aveva addirittura detto: non se ne potrebbe trovare un'altra? Mia madre, orfana e povera, colta ma distratta e soprattutto troppo magra e spregiudicata non era apprezzata e non rispondeva a quei canoni di bellezza sinuosa da dopoguerra. Anche se Alik Cavaliere l'aveva definita "il più bel culo di via Brera" non era ritenuta all'altezza del fascino di mio padre. Alik Cavaliere in effetti in quell'ambito non era molto credibile dato che era noto per il suo vizio di borbottare "che leonessa che pantera" a qualsiasi donna incrociasse per la strada, bella o brutta che fosse. Il matrimonio è stato celebrato lo stesso, con la porta della chiesa mezza chiusa, i fiori del matrimonio precedente già un po' ammosciati, e il silenzio totale grazie a qualche moneta che Enzo Belli Nicoletti ha elargito al sagrestano perché spengesse la lucidatrice. Pochi anni dopo, quando abitavamo in due stanze in via Nazari ho visto volare in corridoio un mazzolino di

Il matrimonio è stato celebrato lo stesso, con la porta della chiesa mezza chiusa, i fiori del matrimonio precedente già un po' ammosciati, e il silenzio totale grazie a qualche moneta che Enzo Belli Nicoletti ha elargito al sagrestano perché spengesse la lucidatrice.

violette seguito dall'urlo di mia madre (senza inflessioni napoletane ma con quegli acuti che solo le donne di lì hanno nelle corde vocali): "Come osi ricordarmi il giorno più brutto della mia vita". Senza punto di domanda. Agli albori di un matrimonio durato settant'anni.

Io e Guido
(per mettere le cose in chiaro)

Mi chiamo Valentina Crepax. Sono nata a Milano il 17 giugno sotto lo stesso tetto di via Settala dove mio zio Guido studiava per l'esame di maturità. Lui stava per compiere diciannove anni, mio padre e mia madre ne avevano ventiquattro, mia nonna Maria, non più contessa ma sempre Macola, quarantaquattro e mio nonno Gilberto sessantadue. Vivevamo tutti insieme perché non c'erano tanti soldi, perché era più pratico essere a portata di mano gli uni degli altri, per rubare le caramelle a mia nonna, non so perché.

Questa piccola tiritera anagrafica me la ripeto spesso, è un promemoria che mi aiuta a confermare la mia esistenza. Già, perché dopo i primi tredici anni di vita da monovalentina è nato il mio doppio. Né clone né sosia, ma una ladra di identità. Un'altra Valentina che, come il mondo ignora (o finge di ignorare per farmi dispetto), di cognome farebbe Rosselli. Ma è di Crepax e quel di è scivolato via subito senza che nessuno ci facesse caso.

Così, nella stessa famiglia, da allora ci sono due Valentine

Mi chiamo Valentina Crepax. Sono nata a Milano il 17 giugno sotto lo stesso tetto dove mio zio Guido studiava per l'esame di maturità.

Guido stava per compiere diciannove anni, mio padre e mia madre ne avevano ventiquattro.

Crepax. Finché si sta in casa tutto fila liscio, tutti sanno che una fa il risotto e l'altra è di carta, tutti sanno che nel mio letto non è mai caduto un astronauta né che io sono mai precipitata nello spazio. Ma poi succede che Guido decide che Valentina, l'altra, è vera e che ha un carattere, un partner al quale dice: "Non è che non voglio sposarti... non voglio sposarmi," che ha un figlio e un lavoro e che invecchia... proprio come me, ma prima di me perché pur essendo nata dopo (il primo fumetto è apparso su *Linus* nel luglio del 1965) sulla sua carta d'identità c'è scrit-

Louise Brooks.

to *Milano 25 dicembre 1942*. E le cose si complicano. Non solo, mio zio ha sempre fatto muovere Valentina l'altra tra cose di casa nostra; la Valentina di carta si siede su una chaise longue Thonet uguale alla mia, sceglie la mia stessa tappezzeria a fiori, va in vacanza dove vado io, abita nella mia città. Insomma Valentina l'altra, pur essendo il ritratto idealizzato di Louise Brooks e di Luisa Mandelli (moglie di mio zio che negli anni si è data da fare per sembrare Louise Brooks anche lei), è una di famiglia che si chiama come me. Detto terra terra, al di là delle sembianze, l'unica differenza tra me e lei è che lei evade dalla realtà e vive avventure oniricofantascientifiche mentre io vivo nella realtà e rifuggo, forse per colpa sua, dal guardare dentro me stessa, dall'indulgere ai sogni e alle fantasie più spudorate. In poche parole ho una vita normale. Normale si fa per dire, perché mi chiamo Valentina Crepax che, in pratica, significa fornire a tutti quelli che incontro per la prima volta una sintesi della mia storia. Per semplificare le cose ho memorizzato una dozzina di risposte alle domande che mi fanno più spesso e per ognuna uso un tono di voce specifico perché le categorie dei domandatori si suddividono tra "curiosi e basta", "curiosi insinuanti", "curiosi erotomani", "curiosi opportunisti" e ogni categoria ha i suoi perché. Come mai. Dove. Da dove.

Ecco alcuni esempi delle mie risposte tipiche a domande tipiche:

"No, ha sbagliato numero. Capisco che ha guardato sulla guida del telefono, ma doveva cercare sotto Guido Crepax, non sotto Valentina Crepax," tono paziente.

"No, sono figlia di suo fratello," tono scocciato perché dal 1965 a oggi l'avrò detto almeno una volta al giorno.

"Mi hanno chiamato Valentina perché è un nome carino," tono annoiato.

"Credo che mio zio abbia chiamato il suo personaggio Valentina perché allora era un nome inusuale," tono convincente.

"Penso che all'inizio non immaginasse che Valentina avrebbe avuto un successo così dilagante," tono che ispira pietà, spero.

"No, la sua musa era Louise Brooks," tono sbalordito, come dire: non lo vedi che non ci assomigliamo?

"Non ho royalties sul lavoro di mio zio," tono imbarazzato.

"No, non ho mai avuto un rapporto sessuale con un televisore Brionvega né ho mai visitato la città di Kòmyatan," tono sconcertato.

"Non sogno molto spesso e se sogno faccio sogni banali," tono sbadigliante.

Valentina l'altra, pur essendo il ritratto idealizzato di Louise Brooks e di Luisa Mandelli (moglie di mio zio che negli anni si è data da fare per sembrare Louise Brooks anche lei), è una di famiglia che si chiama come me.

"No, Valentina non sono io," tono rassegnato... e questa lo ammetto è la risposta che più mi turba. Perché anche se digitando su Google il mio nome e cognome escono più di 500.000 risultati io in effetti non esisto, nel mondo virtuale esiste solo l'altra e credo sia giusto così. Ma qui ci sono io, io che ho dovuto cambiare numero di telefono varie volte per depistare pazzi furiosi che mi chiamavano e, sicuri di parlare con l'altra, davano libero sfogo alle loro fantasie più perverse. Io che leggo la delusione negli occhi dei miei interlocutori che, una volta scoperto il mio nome, viaggiano rapidi sul mio corpo e non trovando stivali di cuoio nero, calze a rete, chiappe in vista, nulla che gli ricordi lei, quella finta, l'altra, si sentono defraudati di qualcosa.

Io che ho dovuto far vedere la carta d'identità perché quando mi sono iscritta all'ordine dei giornalisti erano certi che avessi scelto un nome d'arte. Io che lotto quasi quotidianamente con quelle che hanno scelto il mio nome come nome d'arte.

Pensierino della sera

Siccome la nonna di Guido si chiamava Maria e ha avuto due figli che con un picco di originalità ha chiamato Mario e Maria, forse Guido chiamando la sua creatura Valentina ha creduto di adeguarsi a una tradizione famigliare.

Cosa dice Franco di Guido

Mio fratello è sempre stato un po' speciale. Mi ricordo bene quando da piccolo, da piccolissimo, a nemmeno tre anni, con la carta e le forbici con le punte rotonde, senza stampo, senza margini, senza guida, ha ritagliato la signora col cagnolino partendo dalla coda, quella che la mamma ha conservato e che hanno esposto alla Triennale. Poi è venuta l'epoca di soldatini, carriarmati e mine esplose e inesplose. Ma anche pugili, guantoni e arbitri. Con il cartone si organizzava un ring o la pianta della battaglia di Waterloo e con i dadi si facevano battaglie stupende. Se no si andava con la Bianchi da corsa all'Idroscalo facendosi tagliare l'aria dai camion o si giocava a macchinine in corridoio. Intanto il papà si preparava per andare a suonare il violoncello alla Scala. Era finita la guerra e la mamma aveva smesso di cucinare sul pianerottolo di via Cadore chiacchierando con la signora Abbado, la moglie del violinista, intorno allo stesso fornello. Siamo diventati tutti più grandi. Lui ascoltava sempre la musica jazz e suonava uno strumento tutto suo soffiando nelle mani chiuse davanti alla bocca. Guido ha sempre disegnato, alle elementari aveva riempito un quaderno con il fumetto dell'uomo mascherato. Poi si è laureato in architettura, ma solo perché si doveva. Vivevamo tutti insieme, i miei genitori, mia moglie, mia figlia Valentina appena nata e Guido. La sera si giocava alle battaglie napoleoniche con Giovanni Gandini, Emilio Tadini, Claudio e Gabriele Abbado, Gio Vercelloni che non sapendo più come attaccare il nemico sminuiva la virilità degli ufficiali austriaci. A mio fratello seccava perdere, perfino quando, da grande, giocava con i suoi figli. I dadi volavano per il salotto, le lacrime schizzavano dagli occhi dei bambini, ma lui non era disposto a cedere. Non era cattivo, anzi buonissimo, affettuoso e sensibile, ma anche nell'intimità famigliare, che ha sempre coltivato, viveva in un suo mondo a parte dove i suoi personaggi erano vivi e presenti esattamente come chi gli stava intorno davvero. "Qui niente brucia!" gridava dal bagno mentre uscivano le fiamme da sotto la porta. Perché era così, pensava ad altro. Tranne quando disegnava.

Quando io sono andato a lavorare alla Ricordi e ho cominciato a fare il discografico, insieme abbiamo inventato le prime copertine dei dischi disegnate. È stato l'unico lavoro che abbiamo fatto insieme, prima quelle di musica jazz poi quelle per i successi di Sanremo, ne abbiamo fatte a centinaia. Poi, dopo le buste dei dischi un giorno degli anni Sessanta è nata Valentina Rosselli e l'amico Giovanni Gandini ha fondato *Linus* lanciando il fumetto di mio fratello che è diventato famoso anche in America e in Giappone. Ma lui non ha mai preso l'aereo, non per paura, ma per non fare confusione, per non uscire da se stesso, perché che bisogno c'era quando c'erano da grattare con la lametta gli sbaffi di china nera sul cartone bianco. Certo, gli piaceva il successo, ma solo perché gli permetteva di stare chiuso in casa a disegnare e disegnare sulla scrivania ereditata dal nonno Gino, mentre sua moglie Luisa lavorava a maglia sulla poltrona di Eames e dal giradischi prima e dal CD poi uscivano le note di *West End Blues*. Anch'io ho avuto una vita di successi, ma la nostra mamma diceva sempre: "Io ho due figli, uno fortunato e uno no". Non so a chi dei due si riferisse. Forse Guido lo sa.

Anch'io ho avuto una vita di successi, ma la nostra mamma diceva sempre: "Io ho due figli, uno fortunato e uno no". Non so a chi dei due si riferisse. Forse Guido lo sa.

Io

Sono stata un'adolescente ribelle. Sono cresciuta in una famiglia illuminata (tipo molto accesa), aperta e permissiva dove però non si poteva ruttare, dire parolacce e nemmeno avere il singhiozzo a tavola. Anche la tosse era considerata una forma di maleducazione (perfino se accompagnata da febbre alta), una mancanza di rispetto per chi stava leggendo e per chi era costretto dalle tue intemperanze a preoccuparsi per la tua salute. Avere la tosse era una colpa. Sono invecchiata mantenendo fede ai miei ideali, piuttosto banali e facilmente condivisibili, di libertà. Ho sempre creduto che il rispetto per gli altri fosse una questione del tutto personale, scevra da regole precostituite e forte di questa mia convinzione ho sempre detto quello che pensavo a costo di calpestare le piccole astuzie, le legittime piaggerie, i leccaculismi che ti spianano la via. Ho perso, quindi, il lavoro due volte. Non ho resistito alle regole di una società ipocrita e strafalciona, sgomitante e arrogante. Ho coltivato con abbondante compiacimento l'arte del turpiloquio e del parlare a ruota libera. Ho vissuto con tanti soldi e con pochi soldi. Ho sperato di difendere i diritti degli altri, ho disprezzato i pieni poteri di chiunque. Ultimamente, però, da quando, da un bel po', da che Giggino imperversa, il defunto Rauti viene sempre osannato con il saluto romano, si è individuato il punto G, il Papeete è meta di pellegrinaggi e Auschwitz fa da sfondo a tanti selfie ho deciso di contare fino a venti prima di parlare. Come mi ha sempre suggerito mia madre. Ma non è cambiato niente. Io sono io. O come diceva mia madre: io e l'asino mio.

Mia nonna
(la mamma di Guido)

A casa mia c'era una nonna sola. Sola nel senso che l'altra era morta. Per un certo periodo lei, mia nonna Maria, non era sola perché ha avuto un marito, Gilberto. Poi è morto perché era più vecchio di lei di diciassette anni. Immagino che per mia nonna sia stato un sollievo pieno di rimorsi e rimpianti perché lo aveva amato molto, ma poi era diventato un impegno senza testa. Mia nonna preferiva me sopra ogni cosa (forse non sopra le caramelle mentafernet). Aveva anche altre passioni, in ordine confuso: i Ritz Saiwa e i biscotti Tuc, mio zio Guido e la Coppa del Nonno al caffè, il cucito e i pini a ombrello, il sesso (detto, immaginato e scrutato) e *La Settimana Enigmistica* e l'ordine (quando è morta abbiamo trovato un pacco di fogli di giornale ben infiocchettati con attaccato un cartellino con su scritto *ritagli inutili* e un cassetto vuoto con dentro inchiodato con le puntine da disegno un foglio che dichiarava: *cassetto vuoto*). Mia nonna, in un certo senso, amava l'amore ma se ne vergognava perché era un sentimento e a casa mia sui sentimenti si glissava, mentre non si faceva affatto scrupolo di chiedere al ragaz-

Mia nonna preferiva me sopra ogni cosa (forse non sopra le caramelle mentafernet).

zo adolescente di mia sorella: "Scusi Cico, ho letto sull'*Espresso* di una malattia molto di moda ma non ho capito che cos'è, si chiama *eiaculatio praecox*". Leggeva il *Radiocorriere TV*, alzava la testa con una Muratti Ambassador tra le dita e le gambe accavallate con l'eleganza con cui solo lei le sapeva accavallare, e diceva: "Non si può più nemmeno guardare la televisione, leggi qui: alle venti e trenta, Piero Angela presenta *L'uccello del migratore*". Voleva a tutti i costi sapere se nel film *L'ultima donna* lui si evira con una sega elettrica o con un coltello elettrico. E si arrabbiava come una pazza quando scandalizzata non sapeva cosa scrivere nelle caselle del cruciverba: tre lettere, il fallo del tennista, e io le suggerivo di provare con *caz*. Era curiosa di tutto, mai banale, sempre elegante e molto suscettibile.

Alzava la testa con una Muratti Ambassador tra le dita e le gambe accavallate con l'eleganza con cui solo lei le sapeva accavallare.

Mia nonna ha avuto una colf (una volta si chiamava cameriera e ce l'avevano tutti, anche quelli che a occhio e croce non avrebbero potuto permettersela) che si chiamava Lina, ma mia nonna la chiamava sempre "quella deficiente della Lina"; ne parlava citandola a quel modo e a squarciagola mentre la disgraziata era nella stanza accanto. La detestava perché ascoltava Radio Maria, dava soldi alla chiesa, era sicuramente vergine e non sapeva montare a neve i bianchi d'uovo.

Ho passato con mia nonna moltissimo tempo, anche al telefono. Aveva l'abitudine, subito dopo una telefonata, di richiamare immediatamente perché si era dimenticata qualcosa o più facilmente perché le dispiaceva smettere di parlare.

È andata così che quando è invecchiata e si è dovuto trovare un medico che le desse ogni tanto un'occhiatina lei avesse l'abitudine di intrattenerlo a lungo sul divano in amabili conversazioni (la sua specialità). Davanti a un tavolino tondo pieno di oggetti d'argento e di Tuc. In poche parole il dottore era diventato un amico. Dopo qualche anno mia nonna, in gran segreto, mi ha chiesto se potevo leggere una lettera che intendeva spedire al dottore. La Maria Macola scriveva benissimo. Ho letto la più bella lettera d'amore che una signora anziana potesse scrivere a un giovane uomo: garbata, consapevole, vivace, con dei giochi di linguaggio che lasciavano trasparire dall'arguta autoironia la profondità di un sentimento allegro anche se nato dalla rassegnazione per la sua inevitabile inconsistenza. La lettera, era precisato, non richiedeva risposta. Era una semplice dichiarazione.

Molti anni dopo la morte di mia nonna (20 settembre 1991) lavoravo alla Rizzoli e il medico interno dell'azienda era lui, il dottor non mi ricordo purtroppo come si chiama. Dico: "Sa che mia nonna mi aveva fatto leggere la bella lettera d'amore che le ha mandato pochi mesi prima di morire?" E lui, con gli occhi di un colore che chiunque avrebbe amato, ha estratto dalla cartella una busta sgualcita. "La porto sempre con me, ma lei forse non ha visto la magnifica fotografia con cui sua nonna aveva completato la missiva". La foto ingiallita di una splendida ragazza ventenne con le gambe accavallate come solo lei le sapeva accavallare e quel sorriso malizioso pieno di promesse in sospeso.

Mia nonna e i suoi figli

Mia nonna, nel rispetto della tradizione lessicale veneziana e delle abitudini nate dai tanti anni vissuti a Roma, aggiungeva sempre distorsioni dell'aggettivo povero al nome di amici e parenti. Guido poveretto e Franco poveraccio. Tutto dipendeva se, secondo lei, uno era più o meno fortunato e per la nonna, che si considerava fortunata, la fortuna e la sfortuna erano un'affascinante condizione di vita che ti accompagnava dalla nascita alla morte. Non poteva capitare un colpo di fortuna allo sfortunato o viceversa. Anche i figli di Maria Carmèla Abbado erano "Quel Claudio poveretto" e "Quel Gabriele poveraccio", il quel, preposto al nome, significava che non facevano parte della famiglia.

Nel poveretto di Guido, a casa mia dove non si fanno smancerie, lei racchiudeva ammirazione e amore intenso per un figlio che, per fortuna, aveva una dote naturale che gli permetteva di gestire il proprio estro, il tempo e il denaro come voleva, ma soprattutto che gli permetteva di alimentare la propria fortuna. Certo, aveva dei difetti che la irritavano e la spazientivano (mia nonna non si arrabbiava mai per non turbarsi), ma poveretto era fortunato. Mio

Nel poveretto di Guido, a casa mia dove non si fanno smancerie, lei racchiudeva ammirazione e amore intenso per un figlio che, per fortuna, aveva una dote naturale che gli permetteva di gestire il proprio estro, il tempo e il denaro come voleva, ma soprattutto che gli permetteva di alimentare la propria fortuna.

padre, che ha sempre creduto di essere meno amato perché considerato sfortunato, poveraccio, non è stato né meno amato né sfortunato; semplicemente non ha alimentato la sua dote naturale assecondando la propria fragilità d'artista. E in casa di mia nonna l'arte (perfino quella di non far niente che abilmente gestiva suo zio Virgilio) era affascinante, degna di rispetto e bisognosa di attenzioni (per mio nonno Gilberto poveretto, virtuoso del violoncello, si riservava sempre l'arancia più rossa, il cannoncino alla crema che si sospettava essere più ripieno, la scaloppina più tenera).

Per farla breve, nelle abitudini di mia nonna il poveraccio era un'ottima persona concreta che, perfino suo malgrado, sapeva affrontare la realtà (suo padre poveraccio, ingegnere Gino Macola, ha saputo porre fine ai suoi giorni trangugiando solo Bitter Campari in piccole dosi); il poveretto, invece, era inutile disturbarlo per una tubatura rotta o un trasloco.

Insomma, mia nonna, contravvenendo al regolamento, faceva delle differenze che a volte le si ritorcevano contro, ma non ci badava granché. Tra tutti i suoi nipoti preferiva me, gli altri lo sanno (?), anche se io non preferivo Guido, poveretto. C'era tra me e lei, che ci volevamo bene senza dircelo perché a casa mia non si fanno smancerie, una sola divergenza di vedute: lei credeva che chiamarsi Valentina fosse una fortuna. Io no. Ma forse lei si riferiva al fatto che quella di carta si è chiamata così un bel po' di anni dopo di me. Non ne abbiamo mai parlato, per pudore dei nostri sentimenti. Però lei mi chiamava Valina e, secondo me, lì stava la differenza.

La cretineria

A casa mia si è sempre attribuito un significato personale a certe parole, un po' come il poveretto e il poveraccio di mia nonna. Ho cercato di spiegarlo benissimo anche ai miei nipoti perché potessero crescere in linea con lo stile di famiglia: un cretino è un cretino e per questo è apprezzabilissimo. Il cretino, o cretina che sia, è un essere spregiudicato, un pochino invadente ma arguto, pieno di fantasia e molto generoso. La sua audacia raramente gli si rivolta contro perché è sempre sostenuta da un'ironia irresistibile che stravolge il suo innato cinismo rendendolo così sottile ma così sottile da diventare l'affettuosa custodia a un'etica precisa e molto rispettabile. Nella vita incontrare un cretino e poterne condividere i picchi di intelligenza è sempre una fortuna, anche se bisogna fare i conti con il suo complesso di superiorità, effettivamente esagerato. Lo scemo, invece, è uno che arranca e non ce la fa. È docile e per fortuna molto chiuso in se stesso. La scema è un po' peggio perché da una donna sarebbe lecito aspettarsi di più. Il peggiore è il deficiente che non a caso funziona sia per lei che per lui. Essere deficiente significa non prestare la minima attenzione al mondo e perseverare a testa alta nei propri errori con la boria del cretino senza averne le armi. In sostanza il deficiente è uno scemo che crede di aver superato l'ostacolo dell'idiozia e non si avvale di quella dose di modestia necessaria a suscitare compassione, anzi, eccede in sfrontatezza. Questo per dire che, a casa mia, siamo più o meno tutti cretini. Per fortuna.

Gilberto
(mio nonno e i suoi fratelli)

Oscar era brutto. I suoi fratelli Gilberto, mio nonno, e Attilio erano bellissimi. I loro genitori Piero e Teresa erano poveri ma belli anche loro. Piero faceva il ciabattino e forse per quello mio nonno ha sempre e solo indossato scarpe fatte su misura. Ma Piero, a parte risuolare e rifare tacchi a Dolo, che doveva essere un mortorio di paesino, aveva la fissa della musica, suonava il flauto nella banda del paese e sapeva, a parte un sacco di barzellette idiote che mio padre si ostina a raccontare e riraccontare, un sacco di opere a memoria. Non avevano un soldo bucato e Teresa non aveva nemmeno il latte per nutrire Oscar, l'ultimo nato, nel 1899. Per fortuna c'era una certa signora Volpe che di latte ne aveva da vendere e che si prese Oscar sotto le sue tette protettrici. Allattava il suo neonato e subito dopo Oscar, poi li buttava lì per andare a lavorare nei campi. Un bel giorno, tornando a casa con uno stuolo di bambini appesi alla sottana, la balia si accorse che uno dei due poppanti era morto. Che cosa avreste fatto al suo posto? Ecco qui come la vediamo io, la mia fantasia e il mio intuito. La brava donna mica poteva dire a

Gilberto, mio nonno.

Piero e Teresa che il loro piccolo musicista in fasce aveva smesso di respirare e tanto meno ci teneva a tenersi il sopravvissuto, che di figli ne aveva già abbastanza. Fu così che Oscar Volpe fece, ignaro, il suo ingresso in casa Crepax. O almeno questo è quello che mi sono immaginata mettendolo a confronto con gli altri.

Che fosse Volpe lo si capì a mano a mano che cresceva. Un gran nasone, la testa piatta e una statura davvero inferiore a quella di tutti gli altri, gli occhi azzurri della balia, e i piedi molto piatti che a casa nostra sono sempre stati un segno di stupidità assoluta. Ma ormai era lì. E fu educato alla passione per la musica anche se, essendo Volpe, aveva meno doti naturali innate. Gli misero in mano una viola e via andare. Nei miei ricordi Oscar ha sempre vissuto in Sardegna dove faceva il direttore del conservatorio e stringeva relazioni segrete, di cui non abbiamo nessuna prova se non che dopo morto la sua viola è finita a un giovane che per sbaglio aveva sparato a un umano in una giornata di caccia e che viveva con lo zio Volpe in un appartamento attiguo a quello di tre zitelle, messe lì per salvare le apparenze. Prima di trasferirsi sull'isola, lontano dagli occhi perbenisti della famiglia di allora, Oscar era spesso ingaggiato da D'Annunzio per suonare bendato durante gli amplessi del Vate. Una delle tante debolezze di Gabriel (come quella di firmare senza la e di Gabriele). A casa nostra dello zio Volpe è rimasto un anellone con una grossa ametista, regalo di D'Annunzio che io sarei per restituire al Vittoriale perché basta guardarlo per capire che porta sfiga; la Caterina, figlia di Guido e per niente vittima della malasorte legata al gioiello che custodisce, dice che lo restituirà.

Che Oscar fosse Volpe lo si capì a mano a mano che cresceva. Un gran nasone, la testa piatta e una statura davvero inferiore a quella di tutti gli altri, gli occhi azzurri della balia, e i piedi molto piatti.

D'estate Oscar si trasferiva per un mese nella casa di mia nonna al mare dove litigavano tutto il tempo sullo scalfo della manica e del cavallo di certe tutine che Oscar cuciva con le sue mani e indossava con l'immancabile cravatta a Lavallière. Girellava nelle pinete abbandonate della Versilia agitando un bastone storto, portava degli occhialetti senza montatura (se ne evince che i Volpe avessero la vista debole) con addosso le sue tute beige o celesti. Del fatto che Oscar fosse Volpe e non Crepax non abbiamo nessuna prova e in famiglia non tutti ne sono convinti. Ma io sì.

Mio nonno Gilberto invece era alto e affascinante, meno bello di suo fratello Attilio ma più intelligente, sempre senza picchi. Gilberto è stato un violoncellista di grande fama, suonava in trio con il padre degli Abbado, era primo violoncello alla Scala e Toscanini lo portava in palmo di mano e in tournée in America. Fumava certe sigarette ovali, Turmac e Muratti Ambassador, e in casa indossava una giacca da camera. Non era mai contento. Se una cosa era grigia la voleva blu, se c'erano gli gnocchi voleva le tagliatelle, se gli ronzavo intorno faceva sciòsciò con la sua mano più grande dell'altra per via degli accordi sul manico dello strumento che riecheggiava ore e ore per tutta la casa.

Non so se mio nonno sapesse di avere due figli, ma credo di sì perché vivevano tutti insieme, di sicuro sapeva di avere una moglie perché quando mia nonna è caduta da una scala rompendosi moltissimo un braccio lui urlava, immobile e costernato: "Maria mia che cosa mi hai fatto".

Crepax o Crepas

In origine ci chiamavamo Crepax, poi per disguidi lessicali dovuti al fatto che i veneti la x la schifano ci siamo chiamati Crepas. Niente, noi Crepax figli di Franco e di Guido, nipoti di Gilberto abbiamo sempre firmato con la x perché la carta di identità dichiarava, secondo noi, il falso. Con l'arrivo dei computer ci siamo sentiti persi, quello scarabocchio che poteva leggersi indifferentemente s oppure x non funzionava più. E nemmeno la dichiarazione di un notaio che Franco sbandierava a pieno diritto e che gli aveva permesso di candidarsi nelle liste del Partito Comunista Italiano come Crepax o Crepas aveva qualche valore (un insuccesso comunque). Un bel giorno, con 500.000 lire e una richiesta ufficiale al presidente della repubblica noi del ramo Franco abbiamo cambiato cognome e ancora oggi portiamo con orgoglio la x finale. Guido no. La sua proverbiale avarizia gli ha impedito di intraprendere la breve strada burocratica per mettere in ordine le cose. Il risultato è che adesso i suoi figli Antonio, Caterina e Giacomo si chiamano Crepas. Quindi sono miei cugini ma non siamo parenti.

Franco
(il talent scout)

Franco, mio padre. Detto "Fracino rabioso" per via di un appunto di mia figlia ancora semianalfabeta ma con le idee chiare. Detto anche Apani, storpiatura di Leone piccolo che non capiva perché tutti lo chiamassero papà (mia figlia per prima) mentre non era affatto suo padre, ma suo nonno, un nonno vero, fatto e finito. Carluccio, quando avrebbe voluto essere presidente della repubblica al posto di Carlo Azeglio Ciampi. E alla fine Franchestìn per la mutevolezza del suo carattere, la capacità di interpretare più ruoli nella vita, la mostruosità di certe sue battute, una spiccata sensibilità contrapposta a un menefreghismo leggiadro, la spudorata esibizione del suo fascino e anche di se stesso sempre e comunque.

Franchestìn ha scritto sei libri e come dice lui: "Uno è una porcheria da buttare, piccolo, rilegato male. Non lo rileggo nemmeno. Gli altri sono buoni". Franco, al contrario di Guido, non sa disegnare niente, nemmeno il quadrante di un orologio. Ma ha una fantasia stratosferica e scrive benissimo. La sua specialità sono le battute che uccidono.

Il suo vero lavoro è sempre stato quello di fare il talent scout. Cercava i cantanti e li buttava alla ribalta sempre con profitto. È partito con il piede giusto con le nenie tristi di Sergio Endrigo e con Umberto Bindi e Gino Paoli quando negli anni Sessanta si ballava stretti stretti e tenere una mano sulla chiappa della partner non era più uno scandalo. A casa mia non ce ne importava niente di 'sta roba delle canzonette e non ci davamo arie a scuola, ma le nostre compagne erano sempre in agitazione se a casa nostra echeggiava in anteprima qualche *Sapore di sale* o passavano i Pooh per un caffè oppure si sentiva a tutto volume *Lisa dagli occhi blu*. Si mettevano il rossetto bianco e si legavano sul mento, proprio in punta, un foulard di Gucci perché si usava così, e speravano di essere invitate.

Mio padre nel suo lavoro è stato un genio perché ha venduto 300 milioni di dischi, ma è stato anche cattivissimo. Una volta ha fatto cantare Betty Curtis in sala di incisione senza nastro perché il nastro costava e in quel momento lui non puntava su di lei. Un'altra volta, quando è nato Gianluca Guidi, il figlio di Johnny Dorelli e di Lauretta Masiero, gli ha mandato in regalo un gorilla di peluche a grandezza naturale che faceva una paura tremenda. Insomma Franchestìn è sempre stato un esagerato, anche nelle cose buone.

Forse era tutto quel mondo rutilante del disco che lo suggestionava. Negli anni Sessanta lavorava con Nanni Ricordi, insieme avevano inventato il Festival del juke-box, in uno dei suoi libri, *Grazie Mac*, lo racconta così:

I danni prodotti da mille ragazzi che saltavano in piedi sulle seggiole furono superiori all'incasso, ma avevamo lanciato i nostri cantautori. Fabrizio Dentice dedicò all'avvenimento quattro pagine su L'Espresso *e Natalia Aspesi tre memorabili colonne sul* Giorno *di Baldacci con foto al centro. Ospiti d'onore erano Adriano Celentano e Mina che, essendo già in carriera (avevano pubblicato un primo disco di successo) pretesero giustamente trentamila lire a testa. Mina, fantastica diciassettenne, si presentò con un'enorme rosa di taftà sul sedere e davanti a un pubblico di forsennati che le gridava "Voltati!" cantò* Nessuno *(nessuno, ti giuro, nessuno, nemmeno il destino ci può separare).* [...] *Stavamo entrando nei famosi anni Settanta e il mondo della musica leggera bolliva. La competizione era alle stelle, le case discografiche si strappavano i cantanti, gli arrangiatori, i direttori artistici. Fare i dischi non costava niente, si facevano le due facciate in un giorno: la mattina si registrava la base (due chitarre, basso, batteria, pianoforte e sei violini ricopiati tre volte per fare il pieno d'orchestra), al pomeriggio il coretto e il cantante, dopocena il mixaggio. I guadagni erano enormi.*

Franco
(potenziale assassino)

Quando ho fatto il mio regale ingresso in casa, nel 1952, abitavamo tutti insieme e mio padre aveva tentato di amputare la mano destra a suo fratello, impugnando a occhi bendati un coltello e piantandolo nel tavolo tra le dita di Guido che doveva tenere la mano piatta e aperta. Non si è mai scoperto perché Guido stesse al gioco, piangendo.

Ero una neonata di quelle che tutti desiderano e non trovano altre parole che "perfetta" per definirla. Non so cosa frullasse nella mente di Franchestìn, non lo so nemmeno ora dopo averci pensato, non spesso ma nemmeno superficialmente. Quello che so è che, dopo un paio di mesi che ci conoscevamo, ha sperimentato su di sé la "prova scientifica di resistenza allo sternuto". Visti i risultati immediatamente soddisfacenti dell'esercitazione ha deciso di coinvolgermi in quella che evidentemente credeva una temprante prova di forza e così ha riempito anche i miei minuscoli buchi del naso di granelli di pepe nero. Li aveva estratti uno a uno da quel macinapepe che mia nonna aveva lanciato dalla finestra in uno scatto d'ira contro il violoncellista che si lamentava del rosso non abbastanza rosso dell'arancia che aveva nel piatto. Inutile dire che dopo pochi secondi il mio visetto perfetto di neonata ha assunto le fattezze di un mostro e il mio corpo, nonostante già protetto da uno strato di morbido grasso, è stato scosso da convulsioni orrende. Come al solito Franchestìn ha negato l'evidenza mentre io sparavo chicchi di pepe come proiettili dalle narici. Non so se quell'esperienza mi abbia temprato, di sicuro da allora il mio atteggiamento nei confronti di mio padre è sempre stato guardingo. Ma inutilmente.

Pochi mesi dopo, complice Guido, in vacanza a Oltre il Colle, triste località a pochi chilometri da Milano dove la buona borghesia portava i neonati in vacanza a respirare aria pura, mio padre, dopo avermi legato per bene alla carrozzina mi lanciava giù da una collina e in basso mio zio a prendermi, non tanto per salvarmi ma per poter ricominciare il gioco. Mia madre e mia nonna si sbracciavano dalle finestre della villetta in affitto urlando improperi che cadevano nel vuoto. Guido aveva diciannove anni e Franco ventiquattro.

Ne aveva quaranta, invece, quando a Ponza da una finestra del secondo piano mi ha urlato: "Stai ferma lì che ti do il canotto, prendilo". Avrebbe dovuto urlare: "Ti lancio addosso un gommone Zodiac imballato del peso di circa quaranta chili". Mi sono scansata.

Da Monte Marcello a Bocca di Magra la strada nella pineta è tutta a tornanti, la si faceva tante di quelle volte da saperla a memoria, ma non abbastanza a memoria da poterla percorrere a occhi chiusi. Questo Franco non l'ha mai accettato. Ancora non c'erano le cinture di sicurezza. Chiudeva gli occhi e mi ordinava: "Avvisami solo se la curva è morbida". Non ci siamo fatti niente perché dietro lo steccato di legno c'era un prato leggermente in salita.

Le lampadine fulminate le dovevo sempre cambiare io. "Ti stacco le valvole," diceva Franco. Una volta però ho preso una scossa che mi ha fatto volare giù dalla scala. Mentre gli urlavo "Assassino!" Lui mi guardava ridacchiando. "Uff quante storie per un po' di corrente. Non lo sai che certa gente paga per farsi l'elettroshock?" Sono ancora viva.

Fratelli

Mia sorella si chiama Margherita, è nata il 24 giugno 1957 e 11 mesi esatti dopo di lei è nato anche mio fratello Nicola. Inutile e banale dire che la mia vita è stata sconvolta a tal punto che

Mia sorella si chiama Margherita, è nata il 24 giugno 1957 e 11 mesi esatti dopo di lei è nato anche mio fratello Nicola.

mi ricordo poco della loro infanzia. Ma della loro adolescenza, maturità e anzianità mi ricordo tutto eccome. Mi pare che mio fratello fosse sempre malaticcio e che sua madre piangesse spingendolo su una amaca piazzata in salotto. Era timido e magro. Mia sorella non si decideva mai a camminare così la loro mamma li piazzava in una carrozzina da gemelli e via, su e giù fino ai giardini. Io volevo i pattini a rotelle e di loro mi importava meno di zero. Solo più avanti ho cominciato a infastidirli come meglio ho potuto. Con ottimi risultati. Comunque eravamo una famiglia: mia madre, i suoi due figli, io e mio padre. Non serve uno psicoanalista.

Mia figlia Alice

Non si è mai vista una mamma che si succhia il pollice. Così ho smesso quasi del tutto a ventidue anni appena compiuti, un giorno all'improvviso quando mi sono sorpresa a osservare la mia immagine riflessa nelle vetrine dell'Upim. Con il dito in bocca, spingevo una carrozzina di tela blu che era stata di Michele Lupi, oggi supergiornalista e sempre figlio di quell'Italo Lupi che non solo ha vinto due Compassi d'oro ma è addirittura Honorable Royal Designer a Londra (a casa mia lo chiamiamo Italino ma in realtà è un Italone). Dentro 'sta carrozzina che perdeva spesso la ruota anteriore destra c'era la mia bambina.

Non era un caso che mi guardassi nelle vetrine perché per tutti i nove mesi di incintaggine è stata la mia principale attività: prendevo a occhio le misure della mia circonferenza, controllavo la postura della schiena e se non era abbastanza inarcata buttavo indietro le spalle perché la pancia risaltasse al massimo. Nei primi mesi in inverno ho sempre tenuto il cappotto sbottonato, poi la primavera e l'estate hanno giocato a mio favore.

Avevo notato che molte donne incinte tenevano una mano appoggiata sui lombi, che bella idea, aiutava a spingere la pancia in faccia al mondo intero. Quando è nata la Alice, piccolissima, nera e pelosetta, avrei voluto attaccarmi un cartello davanti e uno dietro, tipo ominosandwich con scritto in grande *Sono una ragazza madre* e per la prima volta la parola orgoglio è entrata nei miei pensieri quotidiani, nella mia vita. Insieme all'abitudine di specchiarmi nelle vetrine l'orgoglio non mi ha mai abbandonato. Ancora adesso, dopo quarantacinque anni, scoprire, incontrare, conoscere una ragazza madre mi dà una sferzata di energia e al tempo stesso mi commuove: siamo una specialità, un'entità a parte, nel bene e nel male ma tutte, proprio tutte, siamo piene di orgoglio.

Anni fa su *la Repubblica* Corrado Augias aveva pubblicato la lettera di Gisella (ragazza madre del nuovo millennio) che aveva scritto "Non c'è più vergogna, al contrario, c'è orgoglio e gioia per la scelta fatta". La mia amica Luisa Cassano, ragazza madre attempata perché il figlio l'ha avuto a quarant'anni sostiene con tutte le ragioni del mondo che: "Allevare un figlio da sole è la soddisfazione più grande che una donna possa avere. È, nell'insieme, la suprema libertà di godere con meritato orgoglio del risultato solo e esclusivamente dei tuoi pensieri, delle tue azioni, anche dei tuoi sacrifici".

Nel 1974 non c'era nessun esame prenatale e io impazzivo dalla curiosità di sapere che cosa avrei sfornato. Da qualche parte avevo letto che una donna aveva partorito in anticipo dopo aver sollevato un gran peso e così, quatta quatta mi sono portata avanti. Una notte di fine agosto alle tre, ero da sola in casa con mio padre, con un certo imbarazzo l'ho svegliato per comunicargli che mi si erano rotte le acque; Franchestìn, tra uno sbadiglio e uno stiracchiamento ha borbottato: "Ma va là, dai retta a me che di figli ne ho avuti tre, quando si rompono le acque se ne perdono litri e litri". L'istinto mi ha fatto telefonare in ospedale: "Venga immediatamente". Tirato giù a forza dal letto il mio genitore quarantaseienne recalcitrante, ci siamo presentati al cospetto dei medici e tac, come per magia è nata Alice, piccola e quieta. Ma questi litri e litri d'acqua che avrei dovuto perdere? Franchestìn con nonchalance ha dichiarato che su *Hara-Kiri*, giornale satirico francese di grande successo in quegli anni, aveva visto una foto della Madonna in piedi sopra un lago e la didascalia spiegava *La Sainte Vierge a perdu ses eaux.*

Io e la Alice siamo state anche fortunate. Vivevamo con i miei genitori, con mia sorella di diciassette anni e con mio fratello di sedici. Mia nonna stava a casa sua, ma telefonava ogni dieci minuti. Quante mani per cambiare un pannolino. Tutti si infilavano tra le mie braccia per tirare di qua e spingere di là: hai stretto troppo, soffoca, non ha mangiato abbastanza, ha mangiato troppo, ha freddo. Se poi si constatava davvero che un errore era stato fatto mia madre, in quel periodo madre di mia figlia, specialista nelle indagini a tutto campo, andava a caccia del colpevole: chi ha aperto la finestra, chi l'ha chiusa, chi ha assaggiato il latte, chi le ha messo la coperta e chi gliel'ha tolta. A casa mia il raffreddore non si prende, c'è sempre qualcuno che te lo ha fatto prendere.

Quello che viveva più sereno di tutti era mio padre che, con la spudoratezza tipica dei Crepax che hanno sempre combattuto per la propria unicità, si chinava sulla culla e: "Eccomi qui, sono la tua mamma, la tua mamma Franchino". Così l'Alice è cresciuta con tre mamme e mezza: io, la mia, mia sorella e mio padre, che non è mai riuscito a farsi chiamare mamma, ma che ancora ci tenta!

Così l'Alice è cresciuta con tre mamme e mezza: io, la mia, mia sorella e mio padre.

Ora l'Alice è mamma a sua volta e a me piace credere di essere diventata una ragazza nonna. Anzi, sono fermamente convinta che sia così, il mio (il nostro) è una sorta di titolo nobiliare che non si estingue mai anche se non si tramanda di madre in figlia, si tramanda però un senso della vita diverso: quello che ti permette di essere libera di scegliere.

Cosa dice l'Alice dell'Alice

Noi Crepax abbiamo sempre saputo ridere anche delle cose serie e credo che sia questo il motivo per cui ho scelto di nascere in questa famiglia, ho guardato giù col mio proverbiale sguardo severo e ho detto, cazzo quelli sì che mi piacciono!

Così eccomi qui, figlia di Valentina quella vera, che vai a spiegare che mia mamma non era quella di carta, ma soprattutto non era in bianco e nero e non aveva una vita così fuori dalle righe come quella disegnata o forse sì, ma lo nascondeva bene. Ho scelto anche un padre Marco Tullio e porto anche il suo cognome, che purtroppo è un nome femminile e vai a spiegare che no, non mi chiamo Giordana, mi chiamo Alice e ho due cognomi, due cognomi e un nome, un nome e più identità, insomma un gran casino quando sei piccola e fanno l'appello in classe.

Ho un pedigree che nemmeno un barboncino francese può vantare, figlia di, nipote di, parente di... a ogni nuovo incontro tocca srotolare il papiro della mia genealogia per spiegare gli intrecci di rami e radici, una volta mi pesava ora invece mi appassiona e mi riempie di orgoglio.

Quando scegli una famiglia così devi avere un karma di un certo livello, più che un salto quantico devi essere pronta a fare un tuffo, un triplo carpiato con avvitamento e io per fortuna so nuotare benissimo. Così sono riuscita a essere l'ultima figlia dei miei nonni e la prima di mia madre, la sorellina dei miei zii e la loro nipote, la figlia di due padri uno vero e uno più vero, senza diventare schizofrenica o una serial killer, anzi è proprio così che sono diventata una persona molto adattabile e parecchio rompicoglioni, d'altra parte tutto va bilanciato in qualche modo, perché essere una rompicoglioni è un'arte che va coltivata, non ci si improvvisa.

Nella mia famiglia i bambini sono sempre stati considerati persone fatte e finite, che se da un lato era un grande vantaggio perché ti dava accesso fin da subito a un sacco di benefit, dall'altro era davvero un peso, perché ti caricava di un sacco di responsabilità. Io sono arrivata qui con la convinzione di avere uno scopo preciso, la mia missione segreta su questo pianeta nata sotto il segno dei Crepax era di far gioire in tutti i modi le persone che avevo scelto di amare e che mi avevano accolta nonostante il mio atterraggio turbolento. Non so se ci sia riuscita, di sicuro ogni tanto mi sono distratta, perché sono certa che la mia ossessione per gli animali abbia creato parecchio scompiglio nel già precario equilibrio della numerosa famiglia, però quando mia madre mi veniva a guardare nella vetrina del negozio del mio amico mentre iguane e serpenti mi colavano addosso come fossi Medusa, secondo me sotto sotto era felice di aver generato quella buffa persona.

Da piccola dentro di me viveva una signora saggia, ero una bambina posata e beneducata anche troppo, ci sono foto mie da piccola che fanno quasi paura, sembro una bambola di porcellana con lo sguardo di vetro e infatti, ora che sto diventando grande, la mia bambina interiore sta facendo un casino pazzesco cosa che mi permette di giocare un nuovo ruolo, madre e figlia di me stessa. Avete mai provato? Non è niente male.

Nascere Crepax è una bella sfida, una delle mie figlie vuol farsi aggiungere il mio cognome al suo, che poi avendone io due e avendo lei due nomi, sarebbe davvero da ridere e secondo me non ha la minima idea di quello che le potrebbe succedere, o forse sì e dovrò organizzare un piccolo Bignami con il nostro albero genealogico, un tascabilino da tirare fuori all'occorrenza per facilitarle il compito, a casa nostra ci si aiuta sempre.

Mia madre
(seconda parte)

Sia nel ruolo di mia madre, sia in quello di madre di mia sorella la Luciana Parisi nella sua piccola testa matta ha sempre tenuto tutto in ordine: ironia, cultura, eleganza, memoria e forza di volontà. Permalosissima e mai disposta a ammettere un torto ha sempre difeso il suo senso di giustizia ben radicato e il suo spirito libero. Su di lei si potrebbe sproloquiare per pagine e pagine di lodi: una taglia 42 dall'inizio alla fine, straordinaria e indefessa traduttrice di oltre 80 romanzi, esperta di letteratura americana, cuoca per necessità, pazientissima sopportatrice di mio padre. I ricordi che ho di lei si affastellano e si rincorrono, ma data la mia natura ribelle quello che conta di più e che, in un certo senso, mi ha sempre permesso di perdonarle alcune ingerenze nella mia vita è quello dell'ascensore.

Una volta negli ascensori c'era una grande targa di ottone o un lungo foglio color seppia incorniciato con le regole per l'uso, la Luciana ci aveva insegnato a sostituire la parola ascensore con la parola culo: è vietato l'uso del culo ai minori non accompagnati, è vietato aprire le porte del culo con il culo in movimento, si prega di chiudere bene le porte del culo, in caso di malfunzionamento del culo premere il tasto rosso, il culo porta tre persone. Ora è tutto cambiato, ma lo stesso quando mi capita di salire su un culo che di persone ne porta anche 24 resto a bocca aperta. Ovviamente la Margherita, la vera figlia di mia madre, nega fermissimamente che questo fatto sia realmente accaduto.

La madre di mia sorella (e di mio fratello)

A casa mia non si sono mai fatti torti a nessuno. Ma se uno ha delle preferenze le ha punto e basta. Esempi di telefonate chiarificatrici.

"Pronto mamma?" (appare il suo numero sul display). "Sì, ma sei tu?" "Sì, sono io". "Ah no ma io intendevo la Margherita". "Forse hai sbagliato numero". "Strano". Clic.

"Pronto? Ciao tesoro". "No mamma, sono la Valentina". "Ah, scusa".

"Be' be', mettiamo giù che è entrata la Margherita in casa".

"Be' be', mettiamo giù che magari chiama Nicola".

E quando chiama Nicola è il corpo di mia madre a rispondere: si chiude in camera sua e si rannicchia ai piedi del letto avvolgendo il telefono in un abbraccio, con la testa china per concentrarsi e concedersi completamente.

Poi, quando viene Natale la madre di mia sorella si tramuta nella madre di mio fratello e... avete chiesto a Nicola? Avete avvisato Nicola? Siete sicure che Nicola sia d'accordo? Non fate cose che offendano Nicola. Scegliete un giorno comodo per Nicola.

E alla fine rivolta a me, la primogenita, quella che avrebbe dovuto sedere su un piedistallo: "Ti raccomando non dire questo non dire quello. Non tirare fuori argomenti sgraditi, non fare arrabbiare i tuoi fratelli".

Ci siamo volute bene lo stesso.

Io e mia madre

"Lei, la mamma della Valentina? E come fa così magroli-na a resistere?" Ecco come la Luciana è stata accolta dalla mia maestra.

La stessa maestra impietosa che ha scritto sulla mia pagella: "Alunna dotata di normale intelligenza, ma con volontà instabile. Irrequieta, ribelle, orgogliosa, esibizionista, ineducata a volte, col suo comportamento è stata spesso causa di disturbo e si è inimicata i compagni. In generale è poco propensa ad accettare un'organizzazione sistematica". In parole povere: un disastro. È facile capire perché mia madre sia diventata rapidamente la madre di mia sorella: figlia e scolara impeccabile. E di mio fratello Nicola detto spesso Nicolino, anche lui figlio di mia madre ma con qualche scuotimento di testa. Un asino a metà.

Credo comunque che la Luciana, nonostante tutto, mi volesse bene altrimenti mi avrebbe ammazzato come fanno spesso tante madri.

Il nostro rapporto, che non si può definire conflittuale perché io in piena consapevolezza facevo di tutto per rendermi insopportabile mentre lei con pazienza, a volte addirittura con rispetto, si adeguava alle mie nefandezze, ha subito una svolta positiva quando le ho detto di essere incinta.

Io avevo ventun anni, lei quarantasei. Alla notizia, devo dire data con un entusiasmo tale che sarebbe stato difficile contrastare, la Luciana per il gran ridere è caduta dentro la vasca da bagno vuota; sul bordo della quale stava seduta dritta e composta come ha sempre fatto. A casa mia le cose importanti si dicono in bagno.

È stato così che da quel giorno, per nove mesi la nostra vita è stata una festa. Per nulla preoccupate della famiglia del padre della nascitura che alternava disinteresse totale a trascurabili furberie mirate a farmi rinunciare al mio proposito, affrontate dalla Luciana con coraggio e totalmente ignorate dalla mia determinazione, abbiamo cominciato a lavorare a maglia come le operaie di Carpi. Dodici ore al giorno.

Era il 1973, cinque anni prima che venisse approvata la legge sull'aborto, ma non è stato certo quello a condizionare la nostra scelta. Grazie a mia madre e alla sua intelligenza, che a volte immagino lottasse interiormente con il suo carattere, siamo cresciuti liberi da qualsiasi convenzione. Così ho potuto fare in gran serenità la ragazza madre in un'epoca in cui queste cose non si facevano in nessuno strato sociale.

Questa bambina, che porta il mio cognome e anche quello di suo padre, ha messo le basi perché la Luciana soffrisse meno per le mie malefatte. Invecchiando siamo diventate amiche e i tre bambini della bambina di allora ci hanno ancora di più aiutato a smussare quegli spigoli che comunque ogni tanto zacchete tornavano a bomba. Allora si sentiva la cornetta abbattersi violentemente sul telefono e stop.

Sì perché una prerogativa di mia madre era quella di sospendere. Troncare. Per poi richiamare e, approfittando del fatto che tu avevi recuperato la serenità, triturarti aspramente perseverando nel voler avere ragione a tutti i costi.

Morti di casa mia

A casa mia non abbiamo il culto dei morti. Nel senso che nessuno di noi, credo, si è mai premurato di far correggere le date sulla lapide di mia nonna che, chissà perché, erano e sono sbagliate. Nel senso che abbiamo sempre visitato tutti i cimiteri affascinanti e ricchi di storia in tutte le città del mondo, ma non siamo mai andati al cimitero per vedere come se la cavavano i morti cui in qualche modo siamo stati legati. Perfino mia nonna ha sempre delegato a un tale Franco del Dolo quello che riguardava la sepoltura con annessi e connessi del suo amatissimo marito. Va detto che mia nonna era anche molto pigra. Quando poi è morto il fratello del nonno, quel tale Oscar forse Volpe direttore di conservatorio, abbiamo dovuto spingere sull'aereo Franco e Guido perché si sa che nelle città piccole il decoro conta e almeno un paio di parenti ci vogliono. Non ci volevano andare a nessun patto.

Insomma, a casa mia, quando uno è morto è morto e non se ne parla più. Non crediamo in una seconda vita, nell'aldilà, nell'eternità dell'anima, nella reincarnazione e il più delle volte non cediamo nemmeno alla commozione dei ricordi. A me capita di ripensare a due amici morti e mi tranquillizza sapere che i loro corpi sono stati sistemati sul mare, anche se so che ormai non gliene frega un cazzo, anzi so per certo che preferirebbero essere seduti su quella spiaggetta di sassi a fare due chiacchiere e a veder crescere il loro figlio.

Tutto diventa più complicato quando si deve dire ai bambini che non vedranno mai più qualcuno. È successo quando è morta la cana Nora e Paco aveva due anni. "Non sapevo cosa dirgli," ha detto l'Alice, "così, stupidamente, gli ho detto che la Nora era volata in cielo". I bambini ci credono e per un sacco di tempo il poverino, imbrogliato, guardava in su e constatava: "Io non vedo niente". Finché un giorno, dopo aver evidentemente rimuginato sul cadavere scomparso si è dato una spiegazione. "Ho capito, la Nora è diventata un palloncino, è scoppiata e è diventata una stella". Ecco perché non si vedeva più con le sue quattro zampe ma si poteva riconoscerla tra mille altre. Una soluzione come un'altra per esercitare quel culto dei morti che a casa mia prima non c'era. Sono passati due anni, Paco diventa un po' più realista ma non abbastanza da darsi spiegazioni convincenti. "Mamma, io non voglio diventare una stella, se vedi che volo in cielo tirami giù per una mano. E adesso dammi un Kinder che è l'unica cosa che mi tira su di morale". Forse era meglio dargli una tomba su cui piangere.

Quando è morta mia madre ho pensato che era un vero peccato che non avesse potuto vedersi morire, sarebbe stata contenta. Era elegante, ben pettinata, seduta composta sul suo divano azzurro come la maglietta che aveva comprato a Saint Tropez e che aveva sacrificato perché la Frau copiasse alla perfezione quella tonalità. Aspettava una tazza di tè. Era contenta, aveva appena recitato a memoria la prima pagina di *Pinocchio* a Camilla e aspettava il giorno dopo Matilda per una ripetizione di latino. Cose della vita che le piacevano, che faceva bene e che le facevano bene.

Quando è morto mio marito mi è dispiaciuto pensare che non avrebbe più potuto fumare. Mi sono dispiaciute anche un'altra valanga di cose che mi dispiaceranno per sempre, così ogni tanto fingo che non sia morto e lo aspetto.

Quando è morto Franco ho pensato a quella volta che si era fatto fotografare con Emilio Tadini, Gilberto Vago e Guido, tutti e quattro con un piede in una roggia. Titolo della foto: quattro vecchi con un piede nella fossa. Lui è stato l'ultimo e con il suo sorriso beffardo si è sempre considerato il vincitore.

Assassini di casa mia

La famiglia Crepax/Macola vanta due assassini di cui andiamo abbastanza fieri non tanto per le loro gesta da veri delinquenti ma perché sono poche le famiglie che ne possono annoverare ben due tra i loro cari. Insomma una rarità.

Il Museo Criminologico di Roma conserva il guantone e la spada a punta ritorta con cui il fratello del conte Gino Macola, nonno di Franco e Guido, ha infilzato a morte il povero Felice Cavallotti il 6 marzo del 1898. È andata più o meno così: Cavallotti, erede politico di Mazzini e Garibaldi, era considerato il capo incontrastato dell'estrema sinistra nell'Italia liberale pregiolittiana, un appassionato idealista che aveva combattuto molte battaglie per la giustizia sociale, per una società libera, contro la corruzione e il colonialismo. Al nostro antenato Ferruccio Macola, ahimè piuttosto conservatore 'sta cosa che Cavallotti, suo vecchio amico, fosse tanto pazzo per la sinistra non andava giù per niente e, dalle pagine della *Gazzetta di Venezia* che dirigeva, ha cominciato a accusarlo di ambiguità e disonestà politica. Cavallotti, avvezzo all'uso della spada ha deciso di combattere il suo trentatreesimo duello contro Macola. Descritto così dal Museo Criminologico:

Cavallotti partiva svantaggiato rispetto all'avversario, che era di vent'anni più giovane, più alto e molto più esperto nel maneggiare la spada. Nonostante l'opposizione dei padrini di Cavallotti, prevalse la proposta dello sfidato, Macola. Il duello si svolse fuori porta, nella villa della contessa Cellere, nel primo pomeriggio del 6 marzo 1898. Lo scontro durò pochi minuti, Macola si difendeva bene, a braccio teso, protetto dal guantone di cuoio, dagli affondi dello sfidante. Al terzo assalto, Cavallotti fu ferito alla bocca dalla punta della spada dell'avversario. L'arma penetrò nello spazio degli incisivi, persi da Cavallotti in un precedente duello, recidendogli la carotide. Egli ebbe solo il tempo di dire: "Cosa ghè?" Un fiotto di sangue sgorgò dalle labbra e, dopo pochi minuti, morì.

La sola cosa che fa onore al fratello del mio bisnonno, sepolto a Rovigo sotto una lapide senza nome, è che dodici anni dopo si è sparato un colpo in testa. Del resto gli era andato tutto storto, dalla carriera politica come deputato di destra a quella di giornalista fino ai due matrimoni finiti in rovina. A dire il vero anche il suicidio non gli è venuto bene, c'è chi dice che è stato ammazzato per vendicare Cavallotti.

Raoul Blasich, invece, non ci era o non ci è proprio parente stretto e nemmeno si sa se sia vivo o morto. Parliamone da vivo. È il fratellastro della Luisa Brenner. La seconda moglie di Mario Macola (figlio di Gino fratello di Ferruccio e fratello di mia nonna Maria che tra tutti era la più normale), una donna simpatica che non si è mai abituata al ruolo di contessa, tant'è che quando si nominava anche dal parrucchiere la contessa Macola lei credeva sempre che si parlasse della prima moglie di suo marito. Giuliana Crepax, figlia del fratello di mio nonno. Un casino di Crepax.

Io questo Raoul, marinaio croato, l'avevo conosciuto a Venezia pochi giorni prima del delitto, aveva una fidanzata americana bellissima, capelli rossi e un grande cappello di paglia nera, con una tesa così larga e morbida che fluttuava per le calli. Io avevo diciotto anni, il marinaio qualcuno di più e non era bello, ma era simpatico, il conte Filippo Giordano delle Lanze ne aveva quarantasei quando è stato ucciso il 19 luglio 1970 a colpi di candelabro in testa.

Lo zio Mario ci raccontava che il conte aveva una scimmietta pazza che viveva su un armadio dove conservava certe palle di merda che allisciava e arrotondava in attesa di poterle lanciare addosso alla madre di Filippo Giordano quando andava in visita. Il conte aveva una governante che, guarda caso, si chiamava Maria e molte passioni stravaganti, ma era un serio intenditore d'arte. "Mariaaaa portami un pompelmo pommmm," urlava il conte prima che Raoul decretasse la fine di quella vita un po' dissoluta ma ricca e allegra. Teatro del delitto la maledetta Ca' Dario dove il conte delle Lanze aveva promesso a Raoul il passaporto che gli serviva per abbandonare la nave che l'aveva portato fino a Venezia e raggiungere gli Stati Uniti con la sua bella fidanzata, ma evidentemente aveva chiesto in cambio qualcosa che Blasich non era disposto a dare. "Tutte robe da culatun," commenterebbe in milanese il padre di quel mio simpatico collega, Andrea Berni, mai rassegnato al fatto che il figlio non convolasse a nozze con una bella ragazza. Diciotto anni in contumacia. Raoul se l'è data a gambe: scomparso nel nulla per sempre.

Regolamento crepaxiano

Con un po' di calma, nel dopoguerra allungato, verso gli anni Sessanta, grazie anche al boom economico che si affacciava alle porte dei più fortunati, le regole base del saper vivere si potevano personalizzare e adattare a uno stile di vita che si prospettava privo di pericoli imminenti e quindi più libero. Il regolamento di allora in casa mia vige tuttora.

A casa mia, c'erano poche regole ma chiare e nette non suggerite ma imposte. Senza violenza. Chi non le rispettava non era castigato se non dalla propria incommensurabile idiozia. Non ci sono mai state regole più o meno importanti o più o meno condivisibili. Essere antifascista valeva, e vale, tanto quanto non indossare mai le calze bianche che si chiamano calze di qualsiasi misura siano, mai e poi mai calzini. Lo spaghetto, il pantalone e il sugo non sono scelte lessicali ma ignominie che restano fuori dalla porta insieme a in feltro, in legno, in pelle, in tessuto. Anche di tessuto è vietato perché la stoffa è stoffa. Inviare per mandare non va bene. Maglione non si dice. Il golf è generico e va bene per tutto quello che si infila quando fa freddo (anche la felpa è golf); se si vuole essere precisi il gilet è ammesso purché si tratti di un golf senza maniche ma con i bottoni, il gilet senza bottoni è un pullover. La canottiera non esiste e per colmo di spregio si può addirittura chiamare "maglia della salute". Per pantofole si può dire solo pantofole e mai mai quella parola che non posso nemmeno scrivere che comincia per c e finisce per -atte e, ovviamente devono essere chiuse dietro.

Alcune regole sbagliate sono state introdotte come lessico famigliare da graziose storpiature o forme dialettali appassionanti. Per cui le "scarpe a tacco" sono, secondo Franchestìn, una presenza indispensabile nell'armadio (scarpiera è una parolaccia) di una vera signora. Il mestolo da cucina si chiama "cicaturi" in memoria di un cugino napoletano di mia madre che ne brandiva uno cercando di cavare gli occhi al fratello appena nato. Chi prende in mano un ago e un filo prima o poi sente qualcuno che lo apostrofa con "cuceconidenti", soprannome che avevamo dato a una sarta per modo di dire e per modo di cucire. E se un lavoro qualsiasi non è eseguito a dovere si dice "desfa" con tono autoritario, come faceva una portinaia che insegnava a lavorare a maglia a mia madre. I mandarini si chiamano "smandarini" grazie a Leone che esausto per l'insistenza con cui lo "obbligavo" a imparare tutte le parole che cominciano con la s seguita da un'altra consonante ha cominciato a caricare smandarini su un scamion. A Tom Kitten scoppiano i bottoni di dosso. Chi è Dosso? Ha chiesto la Natalia e da quel giorno Dosso è il nome dei nuovi amici. Chi viene stasera a cena? Viene anche Dosso? A casa mia i telecomandi, che accendano la televisione o aprano un cancello, si chiamano trombini ma non so perché.

Se ci si vuole dare un tono e offrire agli amici un cocktail secondo Franco dev'essere un cocktail *protegé* perché se fosse *prolongé* durerebbe troppo. E anche il proverbiale selfcontrol di mia madre grazie a Franco è ormai noto come selfservice.

Quando si apparecchia si mettono sempre due forchette e le posate della frutta anche se il menu prevede toast e banana. Non sia mai che si mangi il primo e il secondo nello stesso piatto come si faceva a casa della mia compagna di scuola contessina Borromeo. Se si aspetta la visita di uno iettatore è buona regola tenere unpaiodiforbici (parola unica, mai la forbice, casomai le forbici) aperto sul tavolo di cucina, ma anche una chiave in tasca, se la chiave è piccola e si può tenere sotto la lingua meglio ancora. Se si rompe uno specchio bisogna correre a buttarlo nell'acqua corrente, lo sciacquone non va bene. Se si rovescia l'olio non resta che aspettare che arrivi la disgrazia.

Ruttare è severamente vietato in qualsiasi occasione; non si è mai capito quando, con un bambino tra le braccia, bisogna smettere di gioire per l'agognato ruttino e cominciare a schiaffeggiarlo per l'orribile rutto. "Se devi tossire vai in un'altra stanza," ha sempre tuonato mio padre, perennemente affetto da tossetta del fumatore. Il singhiozzo è vietatissimo e per fortuna a volte passa con uno schiaffone. Mai parlare delle proprie funzioni corporali, nemmeno in caso di richiesta d'aiuto per diarrea fulminante; gridare dal bagno "È finita la carta igienica" non si può, a casa mia si deve dire "bianchi rotolini" e se lo si deve segnalare nella lista della spesa bastano le iniziali puntate. Vomitare è concesso solo ai neonati che non vanno derisi nemmeno quando fanno quei fiotti a spruzzo perché non gli hai fatto fare il maledetto ruttino altrimenti si rischia un ceffone (io l'ho preso). Il regolamento, per la maggior parte "stilato" dalla Luciana prevede fumo libero ovunque perché lei che non era mai riuscita a prendere l'ambito vizio invidiava follemente chi ne sapeva godere. Io e Franco ne abbiamo approfittato a più non posso. Guido non ha mai fumato perché temeva che la cenere potesse sporcare le sue tavole di cartone immacolate e perché aveva sempre bisogno delle mani libere.

Sulle parolacce si dovrebbe aprire un capitolo a parte comunque si può dire che sono sempre state tollerate, mentre la bestemmia "se è giustificata si può" ha sempre detto mia madre che è stata immortalata in un tema di mia figlia: "Mia nonna, quando si scotta con il forno, cioè quasi sempre quando lo usa, qualche volta bestemmia". Lei si è sempre difesa sostenendo che se il nome di Dio è nominato invano prima dell'aggettivo non è bestemmia perché presuppone un secondo soggetto anche se non citato, per esempio: Dio, porco (cane). Una questione di virgole.

Le mie nipoti ormai si sono abituate al mio turpiloquio che in famiglia ha come attiva seguace mia figlia, ma quando erano piccole abbiamo avuto una lunga discussione a proposito della parola culo. Ogni volta che dicevo culo, le bambine dette bambe inorridite mi avvisavano: “Nonna hai detto culo!” Del resto, essendo io la *nonna lavaculi* che cos’altro avrei potuto dire. Alla fine, di comune accordo abbiamo deciso di dare un nome al culo: Pino. È andato tutto bene finché non ci siamo trasferite per l’estate in campagna. Lì abbiamo dovuto distinguere il Pino da giardino dal Pino da bagno e la cosa si è fatta talmente complicata che siamo tornate felicemente al solito vecchio culo.

Regolamento personale

Quando si è in tanti ci vogliono delle regole se non precise almeno precisine. Noi abbiamo una casa in campagna, una sorta di multiproprietà famigliare. È piccola ma accogliente. L'abbiamo ereditata dal mitico avvocato Aurelio Zamboni, il nipote di quel Guelfo eroico console a Salonicco che ha salvato centinaia di ebrei mentendo spudoratamente. Il bravo avvocato, amatissimo zio di Gigi amatissimo da tutti noi, provetto nuotatore ma non perfettamente lungimirante ha costruito una casa piccola piccola con una grande piscina e noi tutti ne godiamo a turno. Chi ci va ci va. Gli altri stanno a Milano, tutti non ci si sta. I figli crescono, i postadolescenti dilagano, i bambini sguazzano, le mamme ignorano, ungono, sorvolano, stropicciano, canizzano. Ecco perché si è reso necessario un regolamento da affiggere (ma sarebbe meglio affliggere) sul frigorifero, redatto dalla vecchia rompicoglioni (cioè io).

"Chiamalo un controsenso, se ti pare, ma certe volte ho sentito dei controsensi in confronto ai quali questo qui sembrerebbe pieno di senso come un dizionario" (Lewis Carroll, *Attraverso lo specchio*).

Lewis Carroll: "*È sempre l'ora del tè e negli intervalli non abbiamo tempo di lavare le tazze*"... ma ci sono piccole cose che si possono fare anche con una tazzina in mano.

Konrad Lorenz: "*Il nostro amore per gli animali si misura dai sacrifici che siamo pronti ad affrontare per loro*"... perché anche chi non li ama pazzamente possa sopportarli con gioia basta raccogliere eventuali stronzi dal giardino, eliminare residui di cibo e riporre le ciotole, incrostate o no, nell'armadio rosso in garage (prima di lasciare la casa).

Vittorio Alfieri: "*Il rispetto delle altrui proprietà, nasce e prospera prestissimo negli individui che ne posseggono alcune legittime loro*"... la casa e le cose di casa sono di tutti, perciò una padella messa via unta (dentro e fuori o solo dentro o solo fuori) è una seccatura per tutti.

Karl Marx: "*La soppressione della proprietà privata è la completa emancipazione di tutti i sensi umani e di tutte le qualità umane*". Ma è anche vero che, Carlo Porta: "*El cuu l'è mè, vuj fann quell che vuj mì*"... in parole povere chi dorme nel letto di un altro abbia l'accortezza di ricomporlo, dopo il legittimo uso, come l'aveva trovato. È bello e buono consumare cibi acquistati da altri. È scortese lasciare la casa sprovvista di acqua, caffè, carta igienica senza avvisare chi arriverà dopo di voi.

Joseph Conrad: "*La vanità gioca dei brutti scherzi alla memoria*"... chi trasferisce da un bagno all'altro materiale inerente all'igiene e alla cura del proprio corpo lo rimetta dove l'ha trovato, a meno che, in loco, non vi siano dei doppioni.

Hugo von Hofmannsthal: "*Vi è negli uomini superiori una pigrizia feconda e una improduttiva, ed esse sconfinano apparentemente l'una nell'altra in una regione che si sottrae al nostro sguardo*"... ma non al mio. Un adeguato mix delle due pigrizie permette a chiunque di buttare via la spazzatura, lasciare il lavandino sgombro da stoviglie, il giardino pulito da cartacce, pacchetti vuoti di sigarette, bottiglie, mozziconi. I quotidiani utili all'accensione del camino negli appositi contenitori, finché c'è posto, le riviste patinate e pesanti nei contenitori messi a disposizione dal Comune.

Marilyn Monroe: "*In queste giornate di gran caldo io l'intimo lo tengo in frigo*"... qualunque strategia di seduzione è apprezzata, la fantasia premiata. Soprattutto quella che induce a creare spazi adeguati per scarpe, pantofole, zoccoli e sandali, fuori dalla portata dello sguardo altrui.

Gilbert Keith Chesterton: "*L'uomo non vive di solo sapone*"... infatti c'è anche il detersivo che, unito all'ammorbidente e supportato dall'energia della lavatrice si rende utile, indispensabile, alla pulizia degli asciugamani usati, che possono essere stesi ad asciugare in garage, o sui fili dietro la casa. Appallottolati non vale.

Charles-Guillaume Étienne: "*On n'est jamais si bien servi que par soi-même*"... ecco perché conviene controllare ogni tanto il livello delle bombole del gas e non lamentarsi se capita di essere protagonisti durante l'intervento di assistenti esterni quali: idraulico, giardiniere, piscinologo ecc.

Ernest Hemingway: "*La giusta maniera di fare lo stile, non è un concetto vano. È semplicemente il modo di fare ciò che deve essere fatto. Che poi il modo giusto, a cosa compiuta, risulti anche bello, è un fatto accidentale*"... la vacanza, l'ozio, il piacere e il divertimento sono un diritto di tutti, per molti la gioia altrui diventa gioia propria, quando non è fatica. Non occorre dare il massimo.

Mark Twain: "*Nulla ha così bisogno di essere corretto come le abitudini degli altri*".

Il lavoro a maglia

A casa nostra Crepas/Crepax il lavoro a maglia ha sempre avuto un posto in prima fila. Franco e Guido non hanno mai preso in mano un paio di ferri e nemmeno un uncinetto, ma mentre il loro padre borbottava "Non si poteva fare blu?" anche quando era blu pur di scocciare, i due fratelli avrebbero potuto tricottare una maglia per un polpo tanto erano teoricamente esperti.

Guido, con la manica dei golf che gli faceva la Luisa (ma lui lo diceva senza articolo), tenendola tesa con le dita ripiegate sul polso, spazzava via i residui di enormi gomme bianche dalle sue tavole di cartone. La Luisa, sempre accoccolata di fronte a lui nella poltrona di Eames, lavorava a maglia. Le discussioni sugli aumenti del collo a scialle erano interminabili, come quelle dei calati per lo scalfo manica che noi chiamiamo buco del braccio. Punto riso o costa inglese? La costa due a due o uno a uno? Guido disegnava e si parlava di tutto come in una casa qualsiasi. Ma in una casa qualsiasi non c'è in mezzo un uomo che lavora. Questo era strano e ancora più strano era che tra un'*Histoire d'O* e un'*Emmanuelle* Guido, intingendo il pennino nella china par-

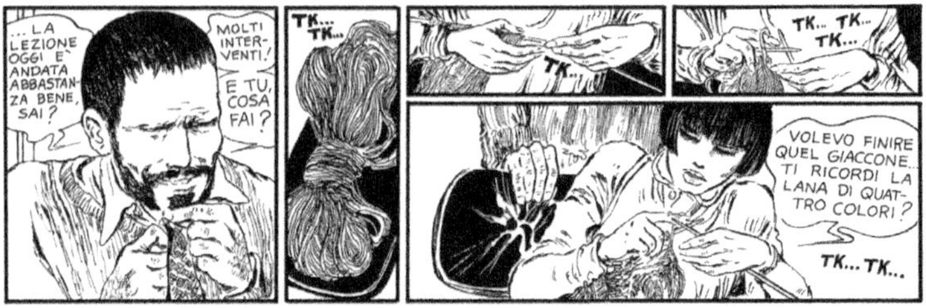

La Luisa, sempre accoccolata di fronte a lui nella poltrona di Eames, lavorava a maglia.

tecipasse alla scelta di un gomitolo blu o grigio e soppesasse un campioncino fatto con i ferri numero tre per confrontarlo con un altro fatto con il numero quattro e scegliere il migliore. Spesso smetteva di disegnare per prestare le braccia allo sgomitolamento di una matassa ingarbugliata. Lo faceva volentieri.

Franco dal canto suo era un grandissimo rompiscatole, davvero intransigente sulla sua specialità che era il bordino del collo che la Luciana faceva e disfaceva decine di volte perché se si vedeva tutto il nodo della cravatta era sbagliato e se il nodo della cravatta non si vedeva affatto era sbagliato lo stesso. "Mezzo," diceva, "se ne deve vedere solo mezzo". E intanto tirava di qua e di là la maglia, in modo che non andasse mai bene. Anche lo scalfo alla Raglan è sempre stato una sua passione. E ancora adesso, mentre lavoro a maglia mi tempesta di domande: a che punto sei? Attenta al buco del braccio che ti viene sempre stretto! Quanto ti manca, hai già fatto il bordino?

I Crepax e i Crepas visti dai Crepas (parla la Caterina)

Nonostante la mia timidezza estrema, mi piaceva tantissimo andare a casa dello zio Franco e della Luciana. Abitavano in una specie di castello in stile eclettico, la famosa casa di Arata in via Cappuccini. Solo varcare la soglia del portone mi dava una grande emozione: la statua di Wildt che rappresenta la *Vittoria Alata* per me era una specie di angelo inquietante e come tutte le cose inquietanti mi attraeva. Era lo spirito della casa. Poi l'ascensore di legno profumato con il sedile a ribaltina. E l'appartamento, enorme, un labirinto di stanze, sale e corridoi, quasi completamente rivestito di tappezzerie inglesi, come la nostra, ma in certe stanze anche sul soffitto. Antri fiorati, foreste scure che mi portavano nelle stanze magiche dei cugini.

Quella di Nicola era occupata quasi per intero da un magnifico diorama con ferrovia e trenini elettrici che ronzavano, gallerie, casette, alberi, personaggi e animali. Una meraviglia. In quelle della Valentina e della Margherita c'erano bauli pieni di vecchi abiti bianchi di pizzo di qualche bisnonna per giocare ai travestimenti e sfilare per il pubblico della famiglia. Un corridoio molto buio portava nella stanza che mi piaceva di più, il bagno della Luciana. Era bellissimo, la vasca aveva delle grandi carpe arancioni di plastica ai bordi che mi piacevano da matti, forse delle piante e un buon odore di sapone che ricordo ancora. Dalle finestrelle alte sopra la vasca entrava la luce dei lampioni che faceva una strana atmosfera un po' medievale. Nella mia testa di bambina con troppa immaginazione, era un luogo così attraente!

In tutto il resto della casa, attaccato a ogni cosa, oggetto o persona che fosse, il profumo della pipa di Franco. Mi sarebbe piaciuto sentirlo anche a casa mia ma mio papà non fumava niente, solo, per finta, i sigari che ogni anno da Bruxelles gli mandava una zia, detta la Lina del Belgio. Peccato.

Franco e la Luciana mi piacevano, soprattutto lei. Mi portava da Londra e da Parigi dei libretti deliziosi con disegni bellissimi di interni, di vestiti, di bamboline, che forse hanno ispirato quello che faccio ora, i miei vestiti di carta. Lui strizzava gli occhi e mi era simpatico. Un bell'uomo come mio papà. Quando eravamo ragazzi Franco era amministratore delegato delle Messaggerie Musicali. Ogni tanto a casa arrivava una cassa bella pesante da parte dello zio, era piena di dischi freschi di uscita che facevano una grande invidia ai nostri amici. Per fortuna Giacomo era ancora piccolo per cui ce li spartivamo io e Antonio. Io prendevo quelli più appariscenti con le copertine belle, tipo quello con la foto di Rod Stewart avvinghiato a una tipa leopardata stampata direttamente sul vinile trasparente. Antonio aveva gusti più definiti e sofisticati in campo musicale e sceglieva il gruppo o la cantante che già apprezzava.

L'arrivo della cassa dei dischi era una festa.

La Luciana aveva una delle cose più belle che possano esistere: una casa di bambole completamente arredata e abitata, una gigante miniatura perfetta di una casa inglese tipo vittoriano, con la facciata apribile. Un sogno per me. I miei genitori mi avevano fatto costruire da un falegname una casa di bambole a due piani e avevano rivestito il legno grezzo dell'esterno con un collage di ritagli di riviste. Io ci giocavo per ore, la mettevo girata con l'apertura verso il muro e stavo rintanata in circa cinquanta centimetri a inventarmi storie più o meno paurose. La nonna Maria mi faceva i materassi, i cuscini con avanzi di stoffa e i copriletti di lana fatti a maglia. La amavo moltissimo ma non c'era paragone con quella della Luciana. Anche la testa d'asino di cartapesta era un oggetto che mi affascinava e inquietava al tempo stesso.

Quando zii e cugini hanno lasciato quella casa e si sono spostati in Città Studi, è stato un brutto colpo. La casa di via Moretto, che conteneva tutti i Crepax cugini non più ragazzi e quindi ognuno con la sua sottocasa, era molto bella ed era stata fatta a immagine e somiglianza dell'altra, ma quella famosa magia si era spezzata. L'idea che non avrei più avuto un motivo per entrare nel castello con le facce di animali mostruosi e gli angeli che reggevano i balconcini mi rattristava un po'.

Anche la nostra casa era bella, molto bella. Anche lei rivestita di tappezzerie di William Morris in ogni stanza e aveva in più una terrazza enorme dove passavamo ore a pattinare. I miei genitori mescolavano mobili vecchi e pezzi di design e questo forse la rendeva più rassicurante, meno fatata e misteriosa.

Eravamo però noi abitanti della casa a essere forse più misteriosi e fantasiosi. Per forza. Tutti i giorni vivevamo questa realtà parallela di famiglia in carne e ossa e famiglia disegnata nei fumetti. Una vita serenamente schizofrenica. Nostro padre ha disegnato e usato per le storie di Valentina non solo tutte le cose che possedevamo, ma anche quello che ci succedeva. Valentina da piccola non vuole andare all'asilo e i suoi genitori discutono a tavola per questo. La mia storia. Valentina da adolescente si ammala di anoressia e smette di mangiare. La storia della mamma. La casa di Valentina. La nostra, con tutte le nostre cose. La casa della strega Baba Yaga più o meno quella degli altri Crepax. Valentina va ai Ronchi nella nostra casa. Guida un maggiolone bianco con la capote nera, che era il nostro (a me piaceva di più quello nero di Franco, ma mi guardavo bene dal dirlo perché forse da disegnare era più semplice quello bianco). Valentina ha la sua carta d'identità con il nostro indirizzo. Strano che non abbia messo una targhetta con il nostro numero di telefono sull'apparecchio di casa Rosselli (il vero cognome di Valentina che tutti ignorano). Un dettaglio che forse gli è sfuggito.

Io i fumetti non li leggevo, li guardavo e basta. Era veramente strano ritrovarsi disegnati nelle storie che diventavano pubbliche e chiunque poteva leggere. Alcune immagini di Valentina da bambina erano talmente identiche alle mie foto che mi provocavano un misto di lusinga e strana sensazione.

Mia cugina Valentina era stata derubata del nome. Sua nipote aveva quel bel nome così moderno, non ha resistito e ha cominciato a "rubare" dalla famiglia. Di me ha preso a prestito l'immagine da bambina e da ragazzina, le mie posture, tipo il piedino destro piegato all'indentro, i miei primi sogni, le mie paure. Sono stata Valentinizzata nel taglio di capelli fin da piccolissima (io, la mia mamma e la Valentina di carta eravamo uguali). A dodici anni però ho detto basta e mi sono fatta crescere i capelli lunghi, lunghissimi. Più o meno in quegli anni ho anche cominciato a parlare. Adesso parlo con mio padre nei sogni. E spesso mi chiedo come abbia potuto disegnare certe storie veramente scabrose, tipo *Justine* di de Sade o *Histoire d'O*, senza preoccuparsi di noi in mezzo alla gente che lo leggeva e ci guardava in modo strano. Ma erano altri anni e soprattutto gli artisti veri sono così, non ci fanno caso. Come non si è preoccupato delle conseguenze che poteva avere dare a questa bellissima donna rivoluzionaria, onirica ma indubbiamente molto esibizionista, il nome di sua nipote.

Tutta questa storia ha avuto una doppia faccia: la curiosità per il nostro nome ci ha portato fama, a alcuni di noi anche successi personali, spesso porte aperte. Chi non ha collegato questo strano cognome alla Valentina di *Linus*? Quante volte ho sentito domandare "parente di?" E quante volte, però, ci siamo sentiti in imbarazzo!

Sono stata Valentinizzata nel taglio di capelli fin da piccolissima (io, la mia mamma e la Valentina di carta eravamo uguali).

Mia mamma timida e severa ha portato con coraggio la sua grande somiglianza con la Valentina di carta, anche se, quando arrivava a casa nostra suo padre, il generale, bisognava far sparire in tutta fretta certe tavole "indecenti" fresche di china.

Oggi che siamo grandi siamo orgogliosi di essere parte di quel fantastico mondo che spacca le regole e sconvolge le menti. A volte siamo quasi gelosi, Valentina non è più solo nostra, di noi Crepas o Crepax, è un po' di tutti.

Crepas o Crepax?

Mio papà, credo per pigrizia o forse perché in fondo non gli dispiaceva quell'ambiguità o perché non gliene importava niente, ci ha lasciato in eredità la confusione di questo nome sbagliato. La Vale(ntina) dice che non voleva spendere perché era avarissimo! Franco spendendo 500.000 lire l'ha cambiato ufficialmente portandosi dietro tutta la famiglia e così loro sono i Crepax. Anche noi, ma anche no.

La nonna Maria

La nonna Maria abitava due piani sotto di noi e un bel numero di volte saliva a chiacchierare un po'. A casa Crepas e Crepax le porte non si chiudevano mai quindi lei entrava senza bussare, con una borsetta verde da casa che la Vale(ntina) conserva ancora, con dentro un fazzoletto, gli occhiali, un paio di caramelle di emergenza e forse il ritaglio del *Corriere* con qualche articolo imperdibile.

Dalla porta di ingresso si fiondava sempre nello studio di Guido che stava disegnando e ascoltando musica. Il papà, senza sbuffare ma con lo sguardo al cielo, si alzava per abbassare il volume e le faceva spazio sul tavolo prima che lei urtasse la boccetta della china. In generale la conversazione era monodirezionale nel senso che lei parlava e lui stava zitto fingendo di ascoltarla e cercando di continuare a lavorare. I temi erano qualche bel concerto sentito alla radio, qualche bell'articolo, qualche rubrica televisiva, ma soprattutto la Vale(ntina) e le sue vicende. Poi venivano la Margherita, Nicola, Franco e la Luciana. Nonostante il leggero fastidio per i suoi pettegolezzi lui le voleva molto bene, tutti e due andavano pazzi per la musica, le caramelle e i cioccolatini senza ripieno.

La Luisa

Grazie (?) all'ingresso nella famiglia Macola Crepas(x) di un elemento così strambo come mia madre, noi figli di Guido siamo molto diversi dai figli di Franco.

La Luisa, figlia della nonna Hagar, triestina, cresciuta tra le dottrine spiritistiche di Swedenborg e le sedute medianiche e la guerra, e dell'austero nonno Antonio, generale dei Carabinieri con due campi di concentramento sulle spalle e un grande amore per la letteratura antica.

La Luisa che si fa amici i soldati tedeschi durante la guerra per poter mangiare. La Luisa che cresce piena di traumi, la prigionia del padre, la paura che potesse non tornare, gli ufficiali tedeschi che gironzolano per casa come fossero i padroni. Il terrore del fuoco per un aereo abbattuto sulla casa e le sue lunghe trecce perse tra le fiamme.

A tredici anni si ammala di anoressia. Poi guarisce ma forse mai del tutto. Secondo noi mai del tutto. Il nostro frigorifero spesso è tristemente vuoto. La spesa fatta su misura: cinque persone, cinque fettine di carne, cinque michette, cinque albicocche. Se ti veniva fame alle tre di pomeriggio, dovevi arrangiarti con il tubo della maionese e qualche cappero. Ospiti a cena deliziati da una cuoca perfetta ma sempre senza bis. Francesco Casetti, che era ormai di famiglia, andava in cucina a ripulire le pareti della pentola del risotto, io di nascosto leccavo il piatto.

Io non sono mai andata all'asilo perché la mamma mi vedeva come se fossi stata di cristallo, aveva paura che fuori di casa mi potessi rompere in mille pezzi. Giacomo ci andava solo nei giorni in cui era sicuro che ci fosse il purè. Antonio ci andava poveretto tutti i giorni, seccatissimo di sapermi a casa protetta come un baco da seta.

Giocavamo molto per conto nostro e la mamma stava sulla

poltrona di Eames davanti al tavolo del papà a leggere o a lavorare a maglia, in silenzio non come la nonna Maria.

Al papà piaceva sapere che fosse lì, l'aveva perfino convinta a rinunciare a insegnare tedesco alla scuola germanica per averla sempre davanti agli occhi, contravvenendo alla sua visione di donna moderna indipendente che aveva regalato alla sua Valentina. Era geloso se lei faceva i compiti con noi che dovevamo eccellere. Siamo cresciuti come piccoli spartani, vestiti di beige e marrone. Elegantissimi ma beige e marrone! Preferivo vestirmi da Zorro, la mascherina e il mantello nero mi facevano sentire al sicuro. Volevo essere invisibile. Ammiro i milioni di colori che usano i Crepax di Franco, li mescolano con un'abilità tutta speciale ma io non ce la faccio. Il mio stile militaresco, un po' da cavaliere oscuro cozza decisamente con gli arcobaleni. Però sono coraggiosa nel mio lavoro, invento e costruisco incredibili abiti di carta che fanno sognare. Niente a che vedere con quel genio di mio padre al quale comunque mi piace assomigliare. Riservato e gentile, ma capace di inventare storie rivoluzionarie che scuotevano il mondo, un timido esibizionista. Tutto diverso da Franco, sfacciato, chiassoso, sempre con la battuta pronta, sfrontato esibizionista.

I Crepax visti dai Crepas
(parla Antonio)

Secondo me mia nonna sbagliava, i poveracci erano i Crepas.

Per tutta l'infanzia ho percepito la famiglia di mio zio Franco come i bambini poveri guardano nelle vetrine del centro la vita e le cose che non potranno mai avere. Loro (i Crepax) erano *gli splendidi*, noi (i Crepas) *i normali*. Non ero invidioso, non avrei scambiato la mia vita con la loro. Però mi sentivo diverso. Loro, soprattutto Franco, mi apparivano brillanti e di successo, noi invece eravamo misurati in tutto: la casa, la macchina, gli oggetti, quello che mangiavamo, le donne di servizio. Anche nelle parole c'era sempre un che di speciale in tutto quello che li riguardava, mentre mio padre non dava il minimo peso alle tante cose belle che faceva e a tutto quello che avevamo anche noi. Ammetto che mi dava un po' fastidio quel mostrarsi sempre sopra le righe, come pure, da parte nostra, il voler mantenere sempre un basso profilo. Il principale artefice di questa situazione era proprio Franco. E in questo veniva seguito a ruota da mio cugino Nicola che, pur essendo timido come me, tante volte mi ha fatto pesare questa differenza. Sono cose che quando sei bambino ti fanno male. La Luciana e le cugine erano diverse. Mia zia Luciana mi ha sempre fatto sentire a mio agio. Di Margherita, che al mare giocava alla casetta con me e mia sorella Caterina, sono stato segretamente innamorato, come penso sia successo a tanti, mentre Valentina era troppo grande e aveva già i fidanzati.

Franco ha sempre fatto di tutto per dare il meglio alla sua famiglia, per vivere alla grande. Quando finalmente l'ho capito, ho cominciato a volergli bene e gli ho perdonato tutte le volte che mi ha messo in imbarazzo. Quando andavo a casa loro a giocare con Nicola ero sempre preoccupato per quello che Franco mi avrebbe detto, spesso si divertiva a sminuire mio papà e la nostra famiglia, facendomi notare tutte le cose che loro avevano più di noi. Mi sentivo un po' come un piccolo Fracchia nei confronti del Cavalier Catellani (quello che lo chiama *coglionazzo*) perché non sapevo mai se scherzava o parlava sul serio. Avevo descritto a mio papà i sadismi di suo fratello perché a casa dei Crepax non ci volevo più andare e lui mi ha raccontato che da ragazzi spesso Franco lo prendeva in giro facendogli credere che *lui non era lui* e insistendo per ore fino a quando non riusciva a farlo uscire dai gangheri. Ma la persona che mi ha aiutato veramente a capire Franco è stata la nonna Maria che, raccontandomi tutti i retroscena dei Crepax me li ha fatti sentire molto più vicini e normali, come noi. La nonna mi diceva: i Crepax vivono con più leggerezza dei Crepas. Per quanto mi sia sforzato, in fondo io sono rimasto un Crepas.

Animali

Non mi piacciono gli animali domestici. Pazienza. Pazienza mica tanto. Sono felicemente tagliata fuori dai Petfood che spopolano, ma sono vittima di amiche il cui gatto le chiama mamma e il cui cane legge il giornale seduto sul divano. Cretine col botto. A me non dispiacciono gli insetti. Comunque preferisco, se costretta a scegliere, gli animali marini. Senza boccaglio, voglio tirare fuori la testa tra uno e l'altro.

A casa mia, prima che arrivasse mia figlia Alice di animali non se ne parlava proprio. C'era la leggenda dello zio Mario, fratello di mia nonna Maria e figlio di sua madre Maria e nipote di sua nonna Maria in nome della fantasia, che per il gran caldo aveva rinfrescato il merlo nel Canal Grande e poi aveva dovuto tirarlo su con qualche goccia di Coramina... due o tre sbattimenti d'ali e poi più niente.

Sempre Mario aveva lucidato un gatto con il flatting e costruito una teleferica con il meccano per mandare granaglie alle galline senza muoversi dalla poltrona, dove fumava e beveva gin. Ma Mario, conte Macola di Gomostò e Mortesa, era un ingegnere.

Noi no. Anche mia nonna aveva avuto un gatto che aveva ammazzato con l'aspirina per via di uno stupido raffreddore.

Insomma, a parte quelli della famiglia di Guido che con gatti e conigli ci sanno fare, gli altri hanno sempre avuto poca dimestichezza. Io, per di più, ho paura anche di quelli di peluche, soprattutto dei gatti, soprattutto quando escono dalla lavatrice.

Anche mia nonna aveva avuto un gatto che aveva ammazzato con l'aspirina per via di uno stupido raffreddore.

Ma il destino è crudele. Tutta colpa di mia figlia che da quando è nata ha fatto sì che io in ogni piccione, asino che vola, biscia e formica veda riflessa la sua devozione alla bestia. Il suo rispetto, la sua passione. E anche la sua, a volte frenetica, ossessione. È così da quando mi ha fatto credere di aver vinto al luna park un'oca, un'anitra... insomma, un pollaceo. Mi ha fatto credere che un batuffolo di pelo non sarebbe mai diventato un animale da cortile nel nostro salotto. È così da quando mi ha spiegato che certe tartarughe d'acqua crescono a seconda dello spazio che gli viene offerto e io, immaginando i piedi delle piccole cinesi costretti nelle bende ho dato alla bestiola l'opportunità di diventare enorme nelle acque di casa (va ricordato che negli acquari non c'è lo sciacquone, c'è soltanto un filtro che delle volte non ce la fa). In poche parole sono diventata adulta, adultissima imparando che ai randagi piacciono i libri antichi, che gli scarafaggi non disdegnano il cibo dei canarini, che le cavie non sanno cosa sia l'amor materno. Ho imparato che le zecche del cane sono molli e quelle del piccione sono dure.

Ribadisco che tra tutti gli animali domestici e no quelli che detesto veramente sono i gatti.

Cani uno

L'apripista si chiamava Rufo. A casa mia di cani nessuno ci capiva un tubo. Avevamo paura. Quando ne incontravamo uno cambiavamo marciapiede. Ma la bambina Alice a furia di piangere sulla piccola *Enciclopedia del cane* Mondadori l'aveva ridotta a un librone umido con le pagine ondulate e le foto deformi. A casa mia i bambini sono da sempre tenuti in grande considerazione. I cani no. "Non ce ne intendiamo," aveva detto la madre di mia sorella, allora anche madre di mia figlia Alice, " bisogna chiedere a un esperto". Dopo una breve riunione famigliare, gestita con autorità dalla mamma, abbiamo eletto a esperta la Luisa Macola, seconda moglie del fratello Mario di mia nonna. La Luisa era una grande canomane. Per farla breve dopo un consulto tra mia madre e la Luisa Macola (bisogna sempre specificare perché l'altra Luisa è Crepas, la moglie di Guido) ha fatto il suo ingresso in casa nostra il cane Rufo, spinone maremmano scemo e puzzolente. Nessuno di noi aveva idea di come si trattasse un cane, così lo trattavamo come un bambino. Peccato che le conseguenze sono state drammatiche; Rufo cresceva come un delinquente, divoratore di cachemire fino alla morte, distruttore di occhiali, scarpe, vasi di Murano e dita di qualche incauto che, superato il disgusto, tentava di accarezzarlo. Mia madre imperterrita nel suo impegno di nonna che fa la felicità della nipotina lo ha sempre amato e l'ha sempre chiamato Ciccio. L'abbiamo sentita tutti mentre lo implorava: "Ciccio, tutto, ma le bugie no".

Solo più tardi, verso la metà degli anni Ottanta l'orfano Tom, un piccolo insopportabile fox terrier pieno di tic nervosi, è riuscito a mettere Rufo in riga. Intanto in casa mia c'erano due cani da cui dovevo difendermi. Tom era stato abbandonato da una coppia in fase di divorzio sotto il diluvio in una casa che avevamo affittato ai Ronchi, in Versilia, base di tutte le nostre vacanze. Tom era uno stronzo con un tremito perpetuo, mi puntava il suo sguardo fisso addosso perché mi alzassi dalla poltrona dove voleva sedersi lui. Gliel'ho sempre ceduta. Quando finalmente è morto, liberando anche se stesso dalla fatica di quel tremito perenne, eravamo in casa io e lui da soli. Gli ho buttato sopra un lenzuolo per non vederlo. Poi se ne è andato dentro a un sacco della spazzatura insieme al veterinario. Rufo è morto altrove, ma per mesi i capelli di mia figlia Alice hanno emanato quell'odore di paglia marcia tipico degli spinoni che mi faceva temere un'indagine dell'ufficio di igiene ogni volta che la baciavo sulla testa prima che entrasse a scuola.

Cani due

Mio fratello aveva una fidanzata che aveva una sorellina che aveva un moroso (sono di Gorizia). "Dai, dicci come si chiama il tuo ragazzo?" Lei, quindicenne, si vergognava come una ladra, ma sfinita dalla nostra insistenza un giorno l'ha detto: "Petrolo". Noi ci siamo guardati in faccia... forse una storpiatura di Pietro, un vezzeggiativo. "E di cognome?" Sbuffando e mandandoci affanculo con un gesto sfiancato della mano ha detto: "Di cognome fa Cosimo". Inutile dire che da allora Petrolo fa parta del nostro lessico famigliare ogni volta che si parla di fidanzati. Questo non c'entra con i cani, ma può essere utile a capire come Nemo sia entrato in casa nostra.

La fidanzata di mio fratello, che a quel punto era ex, è tornata da un viaggio negli Stati Uniti. La Tonzar, pittrice eccelsa che mia madre ha sempre chiamato Gabriellina, è scesa dall'aereo con un chihuahua comprato per la strada a New York da un mendicante tossico. L'orribile cagnetta con gli occhi a palla dopo poco ha partorito alcuni mostriciattoli beige e uno nero. La Alice, fresca orfana di Rufo, era già lì pronta con una grossa sveglia da accostare al cuore di un cucciolo perché, una volta rapito, sentisse un qualche battito che gli ricordasse l'affetto materno. È così che Nemo, cioè nessuno, è entrato in casa mia dove ha soggiornato tredici anni. Della mamma chihuahua aveva solo la stazza, le zampe a papera e l'arroganza. Nero, lungo e pelosissimo credeva di essere un'altra cosa ma non ho mai capito cosa. Ho provato a distendermi sul pavimento per vedere cosa si provasse alla sua altezza, ma lui era sempre più basso. Però non era scemo. Abbaiava quando doveva abbaiare, gli era impossibile salire su letti divani e poltrone, ma soprattutto rispondeva immediatamente al mio comando "Fila!" In tredici anni non ci siamo mai toccati, ma ci siamo voluti bene.

Più che bene, direi. Io nutrivo per lui cieca stima. Soprattutto quando aggrediva, solo a voce, ogni intruso, umano o animale che fosse. Date le sue dimensioni ovviamente nessuno se lo filava. Tranne un noto critico letterario di un noto periodico che lo detestava e lo temeva: "Tenete il cane che sto salendo le scale". L'astuto Nemo maturava vendetta e più lui maturava vendetta più cresceva la mia stima. Finché un giorno, scoperto che il tipo (tanto antipatico e supponente quanto puntuale nel suo mestiere di critico) si cambiava il costume da bagno sotto un cedro del Libano, ai lati della piscina, ha eletto quel luogo a suo cesso personale. Ed ecco che un bel giorno l'impareggiabile intellettuale è scivolato a piedi scalzi su una merda freschissima. Io e Nemo non ci siamo mai rivolti la parola, ma quella volta credo di avergli lanciato uno sguardo di solidarietà

Nemo, cioè nessuno, è entrato in casa mia dove ha soggiornato tredici anni. Della mamma chihuahua aveva solo la stazza, le zampe a papera e l'arroganza. Nero, lungo e pelosissimo credeva di essere un'altra cosa ma non ho mai capito cosa.

che mi ha fatto guadagnare il suo rispetto. Il critico, forse per lo choc, ha cominciato a tingersi i capelli color Nemo e non ha ancora smesso.

Quando Nemo è morto era già pronto il sostituto Arturo. Un insopportabile gagà.

Cani tre

Nemo non era ancora morto, stava benissimo: l'Alice aveva un fidanzato in bilico che non so perché chiamavamo Emerenziano ma si chiamava Gabriele. Era un bravo ragazzo che poi mi è diventato odioso. Stava sempre tra i piedi a casa nostra e si faceva aiutare da Gigi a preparare l'esame di maturità. "Chi era De Gaulle?" gli ha chiesto un giorno mio marito. E lo studente intrepido ha risposto: "Come chi era? È un aeroporto francese". Tanto per capirci, ma poi è diventato un bravo ingegnere. Fatto sta che comunque Gabriele detto Emerenziano nel cuore di mia figlia era traballante così, nella speranza di consolidare la sua posizione, un giorno si è presentato con Arturo. Mi immagino cosa sarà frullato nella sua testa. "Anche quella vecchia stronza di fronte a un delizioso cucciolo arancione si addolcirà... chi non si intenerisce davanti a un cagnolino morbido di pochi mesi?" Io. Io che alla vista di quell'oggetto semovente ho sentito gelarmi il sangue nelle vene e gli ho subito detto quello che pensavo: "Facile credere di poter conquistare l'amore di mia figlia con un cane. Troppo facile. Vedrai che ti manderà comunque a quel paese e si terrà il cane. E tutti e due vi tirerete addosso le mie maledizioni". E così è stato. Arturo era un deficiente patentato. Perfino Nemo l'ha avuto subito in antipatia. Il cane Arturo aveva una vera passione per i libri antichi e vecchi così ha sbriciolato un sacco di carta, compresi alcuni volumi della Treccani, senza che gli restasse niente in quella zucca vuota. Il bastardino bastardo era pure mordace così per mettere in salvo Matilda, la mia prima bambanipote di nonna, l'abbiamo trasferito a casa di mia madre che ha preso a amarlo come certe madri amano i figli ritardati e quando è morto si è riempita di sensi di colpa senza un perché.

Cani quattro

La Nora è stata una cana fortunata. È arrivata a casa mia, ovviamente salvata dalla Alice da morte certa non si sa perché, quasi in contemporanea con l'annuncio della nascita di Matilda. È logico che la slava pelosa, nera e tarchiata sia passata in mezzo alle mie gambe nell'indifferenza più totale. Credo che il suo colore abbia influito sui capelli della mia prima nipote perché io una neonata con i capelli così neri non l'avevo mai vista. Comunque in quell'inizio d'anno 2004 sono entrati nella mia vita una bamba, un genero e la Nora, consapevole che avrebbe potuto finire in mani peggiori, ha mostrato la sua gratitudine cercando di essere un animale meno ingombrante e precisamente una talpa. Con ottusa testardaggine ha scavato migliaia di buchi inutilmente, è rimasta cane fino a qualche anno fa senza essere particolarmente fastidiosa. Non ha protestato nemmeno quando le è stata imposta la compagnia di una cancavalla grigia sarda cui per fortuna manca la parola, altrimenti direbbe solo un sacco di sciocchezze. La cancavalla Myrta con la y è in grado di fare salti con volteggio e ancora non ha capito che in mia presenza deve tenere la lingua in bocca. Per fortuna sta a casa sua, dove l'animo animale inquieto e mai soddisfatto di mia figlia l'ha appaiata a un gatto dello stesso colore e della stessa pelosità lunga e folta. Ma io il gatto l'ho visto solo in fotografia perché pretendo che venga chiuso in bagno almeno cinque minuti prima che io suoni il campanello. Ai gatti non perdono di esistere.

Altre specie

Elenco in ordine di entrata e quindi di uscita di tutte le specie animali accolte sotto il mio stesso tetto: verme rosso e blu, lumache con guscio e senza guscio, pesci rossi persi grazie a un'invasione di martin pescatori venuti a Milano per colpa del fiume Lambro (li avevo messi in terrazza a prendere aria), pesci blu, pesci pulitori dello sporco degli altri pesci, pesci pagliaccio. Tartarughine portatrici di salmonellosi, decedute bollite per via di una distrazione idraulica. Due tartarughe da terra, una calabrese di cui un giorno abbiamo trovato solo il guscio vuoto e Taddeo salvato da un giardino privato senza rete di protezione e abbandonato al suo destino quando abbiamo cambiato casa (no: consegnato in altre mani sicure e affettuose).

"Mamma mamma mi compri la tartarughina? Vive nell'acqua non può darti fastidio". Furbacchiona, la tartarughina era un alligatore, azzannatore carnivoro. In pochissimo tempo è diventata enorme. Io non credo che respirasse dal sedere come molte tartarughe, ma faceva comunque schifo. Viveva in un acquario enorme, perché a me le bestie non piacciono ma non sono cattiva, quell'animale sì. Se mettevi un dito sul pelo dell'acqua cercava di staccartelo con un morso. "Mammina sono diventata grande, vado a vivere da sola. Puoi tenere tu la tartarughina. Sarebbe complicato traslocarla". Certo tesoro. La tartaruga con un guscio di quaranta centimetri di diametro, dopo un paio d'anni si è suicidata incastrandosi nel filtro dell'acquario. Smaltire il cadavere è stato facile, smaltire la vasca no.

Canarini. Le cacche dei canarini non risentono della forza di gravità, schizzano fuori dalla gabbia e si attaccano ai muri. Pappagallini, separabili o inseparabili portano comunque sfiga. I criceti sono deficienti, ma non per questo non hanno i loro gusti sessuali, la nostra si chiamava Pazzina ma aveva due palle enormi, era trans ma non aveva la minima grazia, nessun garbo e zero eleganza.

Le cavie si riproducono a colpi di sei, otto gemelli e lo fanno in un battibaleno. Le guardi, ne conti due, ti soffi il naso, ti giri di qua e di là, le guardi di nuovo e sono otto. I loro cuccioli non sono cuccioli, sono cavie e liberarsene è un problema.

Diamantini, tanto carini, minuscoli e grassocci, due in una gabbietta, quattro, sei, otto, ventiquattro, trentasei. Ci vuole una voliera, fanno un chiasso d'inferno e come tutti gli uccelli hanno una abilità cacatoria da Guinness dei primati. Esiste l'acchiappadiamantini, un omone enorme che viene con un sacco di iuta e in un sol boccone se li porta via tutti. A te resta la voliera piena di scarafaggi invitati a pranzo dagli inquilini precedenti.

Accidenti avevo dimenticato il coniglio! Una volta le persone chic come noi gli animali li compravano da Beneggi, prima in via della Spiga e poi in via Cesare Battisti. Fatto sta che il coniglio bianco trasportato nel baule della mia R4 dentro la gabbia più grande che c'era è morto nella sua prima notte a casa nostra. Oddio come facciamo? Guai se la bambina si sveglia e trova il cadavere stecchito. Nessuno, dico nessuno mi ha dato una mano. Ho coperto la gabbia con un lenzuolo per non vedere quello scempio e via di corsa da Beneggi prima che aprisse. Tolto il morto e sostituito con uno beige, altrettanto ripugnante, sono tornata a casa appena in tempo. Impossibile far credere a chiunque che avesse cambiato colore nella notte. A verità svelata la bambina ha cominciato a sternutire. Dopo un mese al coniglio abbiamo trovato un'altra famiglia, forse più affettuosa della nostra e abbiamo curato l'allergia, ma non ci siamo mai liberati di centinaia di palline di merda secca che ancora dieci anni dopo saltavano fuori come biglie impazzite da un armadio.

Le salamandre hanno quattro zampe, difficile convincere mia sorella cui era stato affidato un piccolo acquario mentre noi eravamo in vacanza. La poveretta che ha gli animali in orrore peggio di me aveva accettato solo per amore della bambina. "Pronto, sono la Marghe, quante zampe ha una salamandra?" Quattro più la coda, quattro, indubbiamente quattro. "Ma, questa mi pare che ne abbia tre". Impossibile, guarda meglio. "Non posso mi fa impressione". Il giorno dopo. "Sentite 'sta salamandra di zampe ne ha due, una davanti e una dietro. Una a destra e l'altra a sinistra.

Sono sicura, l'ho fatta guardare da un'amica". Boh. Aliceee quante zampe ha una salamandra? "Quattro, quante vuoi che ne abbia?" (sprezzante come solo un'adolescente rassegnata all'incomprensione animale sa essere). La tua ne ha due. "Be' le avranno mangiate i gamberi". E niente, credo che mia sorella sia svenuta.

L'anatra di zampe ne aveva due. L'infame figlia ha sostenuto di averla vinta al luna park ma io so che non è vero. L'ha comprata. Ha implorato qualche fidanzato perché gliela regalasse, l'ha rubata. Insomma, una mattina mi sono svegliata e a casa mia c'era un'anatra che camminava dietro a chiunque. Ma l'Alice no, lei era convinta di essere Konrad Lorenz, la mamma dell'anatra, l'unica pedinata dal bipede. L'anatra puzza di pollaio come una gallina, quindi è stata relegata in terrazza. Finché una mattina, una signora ha suonato al citofono angosciata. "Le è caduta un'anatra dal balcone". Fine del volatile azzoppato che Gigi ha consegnato al cuoco della mensa della Mondadori che ha garantito che l'avrebbe liberata nel parco. Nessuno gli ha creduto. Infatti *Anatra all'arancia* è comparso nel succulento menu per editor e giornalisti a Segrate.

Lettera a scopo dissuasivo a un'amica in crisi da astinenza da gatto. Dopo averla letta ne ha presi due

Cara amica mia, lo sai che vado pazza per farmi i fatti degli altri e dispensare consigli non richiesti. Ma stavolta provo un piacere ancora più sublime perché non ci sono in ballo figli ingrati o disgregati, un marito tradito o seppellito, una famiglia di peso o senza peso. Ma un insulso stupido e peloso gatto. Desisti dal diventare vittima di un animale tu che hai uno spirito libero, frivolo e galoppante. Resisti alla tentazione di diventare serva di una bestia che ti assalirà nella notte per sfrattarti dal cuscino, dopo che avrà già deciso che il tuo posto sul divano è invece il suo. I gatti ti raggiungono di soppiatto quando meno te l'aspetti e miagolano nella cornetta smascherando le tue intenzioni di far credere all'amante che sei al motel Charlie sulla Paullese con un altro. Ti intasano di peli il robot Roomba e pisciano sempre dove tu non vuoi. Non ti degnano di uno sguardo se piangi e non si acciambellano ai tuoi piedi come a quelli di Hemingway mentre scrivi le tue memorie. La zampetta che immagini rosea che giocherella con i tuoi capelli ha appena dato un'unghiata a un piccione già cadavere e la linguetta con cui vuoi dividere una tazza di tè inglese al latte quando non è usata come carta igienica slappa scarafaggi da mattina a sera. Quando verrà l'inverno non ti scalderà col suo dolce peso ma pretenderà che tu esca da sotto il plaid per aprirgli la finestra perché non c'è gatto al mondo cui sia stata offerta una porta gattaia che ne abbia saputo approfittare! Vivrà diciannove anni e non ti accompagnerà come un amico alla vecchiaia, ma ti spingerà al suicidio.

Bambe e bambi

A casa mia prima vengono i bambini. Non prima degli altri o delle cose, vengono prima punto. Anche quelli che non sono nostri vengono prima. E siamo tutti d'accordo. E facciamo bene. I bambini sono bambini senza limiti di età. Di solito perdono il titolo quando a loro volta hanno dei bambini, ma solo per non fare confusione con i posti a tavola. Per fare chiarezza: mia sorella ha due bambini sui trent'anni a testa: Leone e Natalia, mio fratello ne ha tre, due gemelle trentenni e un Tancredi più giovane. Mia figlia ha tre bambini quindi lei ha perso il titolo. A casa mia io sono l'unica che qualche volta quando i bambini tornano a casa loro tira un sospiro di sollievo. La madre di mia sorella e mia sorella dicono: con i bambini non si scherza. Franchestìn, a ciascuno di noi figli, ha sempre detto in gran segreto che eravamo il suo preferito. Credo che non mentisse. Mia figlia i bambini li chiama ragazzi per differenziarsi. Quindi noi abbiamo bambinineonati, bambinibambini, bambiniadolescenti, bambinipostadolescenti, bambiniadulti.

Ciascuno di noi ha subìto e applicato il regolamento di casa:

I bambini non sono mai cattivi e non piangono mai per niente. C'è sempre una causa o un colpevole. Se la causa è una malattia allora c'è anche un colpevole: quello che lo ha fatto ammalare. In questi casi mia madre ha sempre rivestito il ruolo di pubblica accusa e di giudice, la pena si è sempre risolta con il peso da portare del terribile senso di colpa.

I bambini non fanno i capricci. Se si rotolano per terra urlando è perché hanno una effettiva necessità. Può darsi che gli serva a ogni costo tutto quello che vende l'edicola, una bicicletta da cross, una bambola che parla cammina e sputa, non è questo l'importante, quello che conta è cosa c'è dietro. Dietro c'è sempre la colpa di un adulto distratto, poco affettuoso, nervoso, stanco (la stanchezza a casa mia è una colpa).

I bambini devono avere sonno tutte le sere entro le nove, se però si svegliano ogni mezz'ora o tutte le mattine alle cinque ci deve essere un perché che non è averli costretti a ronfare controvoglia troppo presto ma probabilmente una congestione, un incubo, un adulto che distrattamente ha sbattuto una porta. A casa mia dopo i due anni (e prima dei novanta) il pisolino al pomeriggio è severamente vietato o, comunque, è una vergogna.

I bambini devono mangiare quando hanno fame, ma devono essere ben nutriti, cioè: zuccheri, proteine e formaggi. Tutto è stato sconvolto da mia figlia Alice che ha sovvertito con baldanza e coraggio le regole e cresce Matilda, Camilla e Paco a sedano e carote. I tre, privati di salame e mortadella, vengono su dritti e forti come canne di bambù salvando così i loro genitori dall'atroce tortura del senso di colpa, che mia madre ha sapientemente inflitto a destra e a sinistra.

E finalmente anche i bambini hanno le loro colpe: quelli che vanno male a scuola sono dei cialtroni.

Essere nonna, mamma o zia è indifferente, i bambini di casa sono figli comunque. Tanto è vero che Camilla ha sempre riscaldato Gigi mettendoglisi addosso come una copertina e affermando: "Tu non sei mio nonno ma ti voglio bene come se lo fossi". Lui d'altro canto ha sempre detto: "Non ho figli ma sono nonno e anche molto zio".

Traduzione in crepaxese del nuovo linguaggio materno

"Corri a sederti se no ci fregano il posto" (*Alzati, lascia il posto alla signora*).

"Vai a giocare a pallone, fai dei giochi da maschio" (*Gioca a quello che vuoi ma sii gentile con tutti*).

"Mangia in fretta altrimenti ti ranzano il biscotto" (*Offri i biscotti ai tuoi amici*).

"Usa la tua bici che è più bella" (*Presta la tua bici a Giulia mentre tu usi la sua*).

"Ti ha spinto? E tu fagli lo sgambetto" (*Ti ha spinto? Non ha fatto apposta*).

"Dimmi chi è stato a farti sbucciare il ginocchio che ci penso io" (*Poverino, sei inciampato? Vieni che ti lavo il ginocchio*).

"Lascia qui il camion che te lo curo io" (*Non preoccuparti, se qualcuno userà il tuo camion poi te lo restituirà*).

"Non ti cede l'altalena? Vai, digli che adesso arriva tua madre" (*Abbi pazienza. Nel frattempo vai sullo scivolo*).

"Il bastone va tenuto così, non come un ombrello" (*Metti giù quel bastone, è pericoloso*).

"Non frignare, gioca con i tuoi giochi, non vedi che quelli sono tutte troiate" (*Giochiamo insieme, guarda com'è bella la tua bambola*).

"Non te lo dà perché è suo e tu non dargli il tuo" (*Chiediglielo gentilmente e offrigli in cambio il tuo*).

"Me ne frego di quello che dice la maestra, tu ascolta tua madre" (*Ha ragione la maestra, punto e basta*).

"Siediti, guarda tua sorella com'è brava" (*Siediti con noi, stiamo un po' insieme*).

"Sei caduto? Ecco, adesso almeno piangi per qualcosa" (*Non piangere, è una cosa da niente, passa subito*).

"Gioca! Credi che mi diverta a stare seduta qui?" (*Vai a giocare, io ti guardo dalla panchina*).

Ma la cosa peggiore che fanno molte altre mamme, quelle che non hanno ricevuto l'educazione Crepax, è quella di parlare dei figli davanti a loro, come se i poveri pargoli fossero trasparenti: non ce la faccio più, non mangia, è capriccioso, non so a chi sbolognarlo, a volte credo che sia scemo, lo coprirei di ceffoni, vorrei starmene un po' in pace, se fa tre bronchiti come l'anno scorso lo strozzo. Poi finalmente arriverà l'adolescenza... vendetta tremenda vendetta!

Matilda

Matilda è la bambina grande del giro dei piccoli. Ormai torna a casa da sola ma ieri usciva tardi e poi aveva la lezione di piano e poi io faccio carte false per andare a prenderla, contro il parere dei suoi genitori che aspirano a una precoce emancipazione, che le concedono questa ambita (?) libertà. Fatto sta che spesso Matilda mi dice: "Non è che se piove mi verresti a prendere... poi se è bello e vuoi venire lo stesso". Oppure mi telefona: "Nonna sono appena uscita, tu dove sei?" e il caso vuole che io sia sempre nei paraggi. Perché no? È così breve il tempo. Ieri era brevissimo. Presa la Bamba, portata a casa, merendata, abbandonata mezz'ora all'ozio, ripresa, consegnata alla lezione di piano. Ritirata più musicale che mai e restituita ai suoi genitori e fratelli. Tempo totale trascorso insieme meno di un'ora. In questi sessanta minuti scarsi ho appreso A) La bidella, che adesso si chiama commessa ma che lei continua a chiamare bidella perché la commessa è dei negozi e comunque questa si chiama Maria Teresa e la chiama bidella solo perché se a me, raccontando un aneddoto, la citasse per nome non sarebbe chiaro a chi si riferisce, visto che fino a ieri non sapevo che si chiama Maria Teresa. Fiato. Lei, Matilda, contrariamente a tutti i suoi compagni alla bidella signora Maria Teresa dà del lei perché le sembra più rispettoso.

B) Preso più in scienze che è una bella soddisfazione che compensa quel sette e mezzo in letteratura sul Manzoni che se la prof le avesse fatto qualche domanda in più avrebbe potuto prendere anche otto. Fiato. Sì anche otto perché a lei Manzoni piace tanto che vorrebbe leggere i *Promessi sposi* anche se poi lo dovrà leggere al liceo tanto la prof ha detto che si può anche saltare qua e là.

C) In classe hanno visto il film *I 100 passi*, bellissimo tanto che due suoi compagni hanno pianto anche se uno ha detto che gli era andata in un occhio una briciola di pane, ma non era vero. Nessuno sapeva che Marco Tullio Giordana è suo nonno perché a lei non piace vantarsi di avere in famiglia delle persone famose. Così anche quando la prof le ha chiesto se sua nonna fosse la figlia del disegnatore, e poi tutti i suoi compagni anche, ha spiegato che no: solo la nipote. Tutto ciò, però, le ha fatto venire in mente due cose: la prima che anche lei vuole diventare famosa per tenere alto il nome della famiglia e la seconda che quando sarà adulta farà aggiungere al suo cognome sia Crepax che Giordana. E a questo proposito si è ricordata che vorrebbe fare un corso di disegno o di pittura oltre che imparare molto bene a colorare per chiedere, il Natale prossimo, dei pennarelli professionali che adesso sarebbero sprecati perché molto costosi.

D) Le servono dei calzettoni neri perché li ha solo grigi e grigi sono tristi mentre non le serve una giacca leggera perché ne ha una azzurra smessa dalla figlia di mia sorella.

E) La madre di *Miss Charity* (libro che sta leggendo avidamente) era invidiosa della figlia e le metteva in tutti i modi i bastoni tra le ruote per impedirle di socializzare con dei maschi. Il brutto è che nell'Inghilterra di quell'epoca era meglio sposarsi entro i vent'anni e la povera Charity ne aveva già ventidue. Speriamo che si sposi perché ha già il corredo e anche la dote che non so cosa siano.

A questo punto finalmente ho potuto aprire la bocca per spiegare la dote e il corredo che giustamente ha considerato "tutte sciocchezze". Poi le ho suggerito un corso di acquarello per zitelle nel nord dell'Inghilterra e in quell'istante ci ha attraversato la strada una vecchina proprio così: vestito a fiori, cappello e grande borsa di tela sicuramente piena di colori e pennelli. Coincidenze che danno valore a una giornata.

Bambi inteso come film

Interno giorno. Divano e tivù, Camilla tre anni, Matilda sei, nonna cinquantotto. Sullo schermo *Bambi*.

Camilla dice: " Non devo piangere quando muore la mamma perché Bambi ha il papà". "Giusto," dice mal volentieri la nonna, ma è inutile infierire.

Alla fine del perverso e allo stesso tempo gonfio di retorica film Disney si vede la "fidanzata" di Bambi con due cerbiattini appena nati.

"Chi sono quelli?" domanda Camilla che non ha mai taciuto in preda all'agitazione per l'avvenuta morte della madre di Bambi e altre minacciose incursioni dei cacciatori.

"I cuccioli della fidanzata di Bambi," risponde Matilda che durante tutta la visione ha sempre tentato di chiarire i dubbi di sua sorella.

La nonna, scioccamente, interviene pensando di tranquillizzare la bambina, che fin dall'inizio del film temeva per la serenità di Bambi, con un conformista quadretto famigliare: "Sono anche i cuccioli di Bambi," come dire: nonostante non abbia più la mamma è felice lo stesso perché ha due figli.

Interviene Matilda indignata: "Mannò, nonna: i maschi non possono avere cuccioli".

Gli altri bambini

A casa mia ogni bambino ha la sua specialità. La Camilla si è messa sulla strada dell'università perché, come dice, essendo l'unica che ha frequentato l'asilo nido deve completare il ciclo. Ci si aspetta da lei grandi cose, nonostante la sua avversione per le virgole qualche volta le abbia precluso la comprensione di un testo semplice come: "La mamma mangia, la bambina gioca, anche il cane... La mamma mangia la bambina, gioca anche il cane". L'importante è avere le idee chiare e decretare che il colpevole è lo scrittore sadico e crudele e soprattutto poco chiaro perché alla fine non si capisce se la mamma mangi anche il cane. Comunque questo non è un gioco.

Paco, ingegnere edile in erba, non ha competitor nella forza, nel calore e nell'intensità dell'abbraccio che, se meritato e io lo merito, elargisce ripetutamente invocando con dolcezza il nome dell'abbracciato. Abilissimo nello "smontare" i piselli, filosofeggia sulla morte e sui sentimenti probabilmente perché la sua venuta al mondo è stata, secondo il pensiero terra terra della mia famiglia borghese in molti casi poco illuminata, un miracolo. È nato sul pavimento del salotto. Sua madre, quella figlia che in questa occasione ho trattato da assassina-suicida, all'età del dattero (a Milano si dice così quando qualcuno si affaccia alla soglia dei quaranta) ha deciso, insieme al suo accondiscendente partner, che gli ospedali sono qua e sono là: in sostanza roba che fa male. Nove mesi di angosce con tutti contro tutti. Ma l'Alice ha la testa come il muro e ha vinto.

Le cameriere

Negli anni Cinquanta tutti, o quasi, avevano una colf che allora si chiamava la cameriera se si voleva sembrare eleganti, anticonformisti, rispettosi oppure la donna di servizio se si volevano mantenere le distanze e si era piuttosto rozzi. Un po' la stessa differenza che c'è tra dire "vado in bagno" o "vado in gabinetto". Di solito la cameriera viveva in casa mentre la donna di servizio si prestava a ore. I veri ricchi avevano la coppia, e allora si chiamavano i domestici, lui stava in casa con i guanti bianchi e una giacca di cotone a righette e lei aveva una crestina inamidata tra i capelli. Le cameriere erano molto spesso friulane. Il mio bisnonno Gino, che da vecchissimo aveva deciso di aspettare la morte nutrendosi solo di Bitter Campari aveva una certa Ida con le trecce e con i baffi che gli allungava di nascosto il rosso nettare con l'acqua per farlo vivere un po' di più. Il conte Gino Macola è morto lo stesso e la fida Ida, che io credevo decrepita, si è finalmente sposata in un paesino vicino a Udine.

Quando io e i miei genitori siamo andati via dalla casa dei nonni siamo andati a abitare in quello che oggi si chiama bilocale e che allora si chiamava appartamentino bohémien. Di fronte alla cupola della chiesa di Santa Maria delle Grazie in corso Magenta. Ultimo piano senza ascensore, ci pioveva dentro, mi ricordo una notte tutti a letto con l'ombrello. La cameriera dormiva in cucina su una branda pieghevole. Anche la vasca da bagno era in cucina. Io già allora stavo sempre alla finestra finché un giorno è caduto in strada un pezzo di ringhiera. Io no. Quella napoletana di mia madre ha acceso una candela alla Madonna.

A Napoli

Gli zii della Luciana, orgogliosa napoletana, vivevano al Vomero, via Cimarosa 36, in un appartamento enorme e semidiroccato che dominava il golfo. Vivevano tutti insieme e se qualche matrimonio li portava temporaneamente altrove tornavano presto indietro, accompagnati o no dalle loro metà. Non potevano vivere gli uni senza gli altri e non potevano vivere senza il tetto di quella casa sulla testa. La zia Margherita, zitella per forza, si affacciava al balcone e più o meno una volta al giorno mormorava in un sospiro: "Quanto è bellella Nisida stamattina". O stasera, a seconda. Le persiane di quei balconi erano pericolanti e quando c'era vento la cameriera veniva spedita a tenerle ferme più che poteva con le braccia. La stessa cameriera era innamorata persa di un tappezziere che non se la filava per niente. È stato così, per amore dell'amore, che in casa di Margherita si sono fatte tende nuove a tutte le finestre, mentre le persiane continuavano a cadere.

Ma la zia ne sapeva qualcosa delle sofferenze d'amore e quindi era molto comprensiva. Durante la prima guerra mondiale aveva messo il suo cuore nel cuore di Mimì Pariglia, un furbacchione di tre cotte e forse anche un sadico. A casa mia ci sono grandi scatole di legno che contengono un epistolario lungo anni e anni dove Mimì in trincea, Mimì a Roma, Mimì all'altare con un'altra, Mimì sulla culla del suo primo figlio, si dichiara comunque vittima di un sentimento imperituro e profondissimo per la bella Margherita che per tre volte ha tentato di darsi a altri tornando sempre a casa accompagnata dal coro in lacrime delle sorelle: "Margherita ha scombinato tutto" e da una nuova dichiarazione d'amore di Mimì. Solo una quarta volta sembrava che ce la potesse fare. Ignorato il consueto intervento di Mimì che, mentendo, garantiva di abbandonare la famiglia per lei, le porte della chiesa già aperte, infilato l'abito da sposa, al beato prescelto è andato storto un nocciolo di prugna. Morto.

Maddalena

La Maddalena era una comunista accanita, orgogliosa della sua libertà. Andava in vacanza a Spotorno e abitava in via Kramer. Tutti i giorni veniva a lavorare a casa nostra in viale Piave 11 (l'appartamento sotto quello di Wanda Osiris) ticchettando su tacchi altissimi che le permettevano di raggiungere un'altezza minima accettabile. Aveva pochi capelli e una bella pelle liscia come una pesca. Ma non era una venere tascabile. Era il 1962, era appena uscito il film *Lolita* di Stanley Kubrick e la Maddalena era una patita di cinema. Per il mio decimo compleanno mi ha regalato una bambola enorme di plastica dura, con le sembianze di una bambina, i capelli biondi e gli occhiali a cuore, sulla scatola di cartone c'era stampato il suo nome: Lolita. Non ero un tipo da bambole ma quella che sapevo essere un'impudica mi era piaciuta moltissimo.

La Maddalena fumava come una ciminiera e chiamava l'ascensore *asenser*, alla francese. Diceva sempre *mon dieu* e *parbleu*. Leggeva i Gialli Mondadori.

Aveva una passione sfegatata per mio fratello e ci ha introdotto ai piaceri dell'aperitivo in latteria: succo di pomodoro per tutti.

Con lei andavamo spessissimo al cinema Colosseo dove facevano sempre due western uno dietro l'altro. In sala, allora, era permesso fumare, ma io non fumavo ancora. Era fidanzata con Gino, tranviere, che le aveva regalato un mangiadischi arancione, ma lei un giorno si è incazzata e l'ha scassato saltandoci sopra con i tacchi. Non era fatta per l'amore.

Ai tempi della Maddalena avevamo la sarta in casa, non eravamo ricchi ma si usava. Si chiamava Berta, veniva un paio di volte al mese, era di Volterra. Mia mamma le dava qualcosa da mangiare da portarsi a casa, ma questo non le bastava a non rimpiangere la sua terra. Guardava sempre fuori dalla finestra e col magone diceva "Bella mi' aria, belli mi' posti" con la o stretta.

Amina e il Marocco

Sarà stato il 1965, forse già il 1968. A Milano cominciavano a sparire le colf friulane e piano piano arrivavano donne e uomini dal Marocco. È così che un giorno Amina ha fatto ingresso a casa mia diventando una di noi, di più, lasciando in quegli undici anni segni tutt'ora indelebili nella nostra vita, nella nostra educazione, nel nostro lessico famigliare. Ancora adesso a casa mia la scuola si chiama scuela e perfino i miei nipoti, che non hanno mai potuto godere della compagnia marocchina, la domenica esultano: "Oggi niente scuela!"

Amina è arrivata da Casablanca in aereo, indossava un vestito lungo di velluto celeste con guarnizioni d'argento. Si è seduta sulla valigia sotto il portone di casa nostra e ha aspettato. Sicura com'era di saper parlare francese non aveva paura di niente. Peccato che la sua certezza fosse lontana mille miglia dalla realtà. Dopo pochi mesi di rodaggio Amina aveva capito tutto e aveva deciso di chiamarci così: Bale (io). Mangare (mia sorella Margherita). Nigula (mio fratello Nicola). Boverocrepax o Monmarì (mio padre). Quellacritina (mia madre). Alla quale, però voleva bene e le riconosceva dei meriti per cui ogni tanto la ricompensava con un consolatorio canarino caldo (acqua e limone), che Quellacritina gradiva particolarmente.

Non so quanto Amina fosse consapevole della fortuna che aveva avuto a scendere da quell'aereo, di cui conservava una memoria terrificante, in quel periodo storico, né quanto si rendesse conto che casa nostra non era una casa normale. Giovanni Gandini aveva fondato *Linus* e Guido aveva inventato la Valentina di carta. Nella redazione di via della Spiga la Cettina infilava delle mutande a matita sui corpi disegnati da Guido perché non era epoca di smutandamenti. Boverocrepax faceva il talent scout e a casa nostra bazzicava Ola, Gigliola Cinquetti che ancora non aveva l'età o almeno così credevano tutti, tranne *Novella 2000*. A Sanremo vinceva Celentano con *Chi non lavora non fa l'amore* e nei cinema usciva *Morte a Venezia*. In casa si parlava davvero di politica e i quotidiani (*la Repubblica* ancora non c'era) erano stimolo di eterne conversazioni. Andavamo alla Cineteca San Marco a sorbirci la filmografia di Pudovkin per baciarci al buio e nutrire i nostri ideali di proletariato. Mentre Amina, suo malgrado, aveva imparato a fare le polpette noi ci nutrivamo di arte, politica, figurine di *Linus* e aria fritta, immaginandoci un futuro libero da stereotipi. Chi scriveva poesie, chi dipingeva, tutti più o meno suonavamo la chitarra. Un giovane promettente artista, che poi per caso è diventato il padre di mia figlia, aveva appeso in camera mia un grande quadro. Un collage, un manifesto politico, la tecnica era innovativa e affascinante, il significato chiaro solo a Amina. Un giorno ho trovato il quadro offeso da infinite coltellate. Alla mia disperata indagine ha risposto solo Amina: "Sempre quando io vedere Moshe Dayan cecare antro occhio".

Quellacritina faceva da scrivano a tutta la comunità marocchina che andava ampliandosi alla velocità del fulmine e che aveva come base casa nostra. Scriveva in francese traducendo simultaneamente cori di "mio cuore piange di sangue per..." e una sequela di nomi arabi impronunciabili. Quasi tutte le lettere erano indirizzate al carcere di Casablanca dove "fratelli preso qualche tilibisioni perché in prison tiene bene loro come cavalli, danno coperte e cibo caldo". I figli piccoli di tutte le donne erano affidati alle seconde mogli dei mariti che ricevevano ogni mese la gran parte degli stipendi delle lavoratici in terra straniera. Li usavano per bere "aperitif" e per scattare qualche foto dei bambini con abiti e scarpe messi a disposizione dal fotografo. Quando mia madre rileggeva a voce alta le lettere per l'approvazione, incespicando sui nomi dei numerosi parenti, Amina se ne andava sbraitando. "Quellacritina parla arabo come i marocchini della montagna".

Amina e Afeda ai primi degli anni Settanta erano innamorate di Miloud, sposato con una donna italiana. Miloud piaceva perché sapeva leggere e lo ostentava tenendo sempre un giornale piegato sotto il braccio. Le due sventurate spesso andavano in taxi a Cologno a insidiare l'oggetto dei loro sogni e anche dei loro peccati. Il taxi aspettava paziente che la legittima del marocchino gliele suonasse di santa ragione così sulla strada del ritorno poteva scaricarle al pronto soccorso. Quando pochi anni fa Miloud è morto una delle due, madre di un figlio del fedifrago, ha denunciato la vedova per omicidio, omissione di soccorso e non so cos'altro. Certe cose non si dimenticano.

A diciotto anni avevo un fidanzato che sembrava marocchino ma non lo era. Si chiama Massimo Vitali. A mia madre non piaceva perché era grande e aveva due bambini. A Amina piaceva tantissimo; lui l'aveva scelta come messaggero d'amore e le aveva regalato dei 45 giri di musica araba e un mangiadischi che faceva gracchiare quelle nenie per tutta la casa, sperando che con la sua predisposizione all'amore mi convincesse a una monogamia poco in linea con i tempi, con la mia indole e con la mia età. Amina era entrata con passione nel suo ruolo e la mattina, gli occhi sbavati di kajal, si sedeva sul mio letto e ce la metteva tutta: "Tu dorme e dorme intanto suo cuore bianco piange di sangue per te. Lui bello come marocchino con occhi zurri (li aveva neri) e tu ormai becchia e critina come tua madre no trova più chi ti sposa". Io le volevo bene ma non tanto da sacrificare i miei capricci in favore del successo delle sue intercessioni.

Amina non aveva i denti ma il suo sorriso era gentile tanto che il tassista napoletano Cinquepalmi (detto da noi 5palle per via della foga con cui la amava) l'ha scelta e portata sempre in taxi e in "palmi" di mano, nonostante fosse molto più giovane di lei. La madre di 5palle non vedeva di buon occhio la relazione e insisteva con Quellacritina perché esercitasse non si sa quale autorità purché la storia non avesse seguito. Niente da fare. Alla domanda perché ti piace tanto il tassista Amina ha dato una risposta che non meritava repliche: "Mon marì picchiato sempre con bottiglie di aperitif su mia testa. Mario (5palle) porta me a pescare pisci di mare in fiumi rotondi". Boverocrepax, commosso ha comprato trentadue denti nuovi a Amina perché il suo sorriso finalmente rilucesse davvero anche davanti alle trote.

I rapporti tra mia madre e Amina purtroppo si andavano incrinando di giorno in giorno. Colpa del fatto che Amina aveva "dropo sonno" per alzarsi la mattina e strappasse con un gesto secco le maniche dei grembiuli che mia madre, come tutte le signore milanesi dell'epoca, comprava in via Manzoni da Mercatores abiti da lavoro, e le usasse come cuffia per coprire gli impacchi di henné, che comunque colava da tutte le parti. Il rapporto difficile tra le due aveva fatto sì che si consolidassero quelli con mio padre che l'impavida marocchina si ostinava a chiamare Boverocrepax e spesso aggiungesse a confermare la giustizia di quel nome: "Lui sposato Quellacritina che spende e spende". Non importava che mia madre sostituisse degnamente lo scrivano che a Milano mancava e che vergasse lunghe lettere in francese per la coda di donne in attesa del loro turno in cucina. Per Amina le donne erano, oltre a Quellacritina di mia madre, quelle che le avevano portato via il marito e il figlio, quelle che amavano Miloud e quelle che le sputavano addosso, nel nostro corridoio, in una sorta di lapidazione dettata dall'invidia per quel posto di lavoro in un certo senso privilegiato. Amina affrontava la guerra degli sputi facendosi scudo con un vassoio di ferro ovale, verde disegnato a fiori rosa, che la mamma di Boverocrepax aveva comperato da Picowa. Vassoio ancora in uso per il tè. Da quel momento nostro padre veniva evocato come monito a ogni malefatta. Quando mio fratello bigiava era sottoposto al rimprovero domestico: "Nigula niente scuela! Boverocrepax, lui tiene bene voi come cavalli e voi niente".

Amina era una donna che difendeva la sua unicità, apprezzava l'appartenenza di genere ma detestava qualsiasi interferenza femminile al suo stile di vita. Aveva guadagnato con la sua sola forza una libertà che in Marocco sarebbe stata un affronto e l'amore eterno di 5palle, che la sollevava dal rispetto per la supremazia maschile e le permetteva di avere quell'accondiscendenza verso gli uomini cui tutto perdonava. Le donne le stavano sulle palle. Noi non ci eravamo arrivate. Mia madre, donna colta, illuminata e non convenzionale, ma che all'epoca era forse distratta dall'allevamento di una prole ribelle, messa in pericolo da convinzioni politiche che condivideva completamente ma che vedeva minacciose e armate di sanpietrini e manganelli, idranti e addirittura proiettili, la sfiniva con regolamenti borghesi, mai previsti dalla nostra etica. Amina, donna di grande ironia, rispondeva prendendola per il culo con abili arguzie. Nel corso di una festa in casa nostra tra gli ospiti dai nomi super cult/cool della sinistra boho milanese all'avanguardia, circolavano marocchine in uniforme, istruite e dirette da Amina che, ancora una volta, aveva rifiutato la divisa e stava nascosta in cucina. Ma la sua caratteristica erano i colpi di testa e soprattutto i colpi di scena che, appunto, miravano a mortificare con affettuosa ironia Quellacritina di nostra madre. Fu così che Amina richiamò in cucina lo stuolo di marocchine travestite per l'occasione e indossato il grembiule con perfetta apparente abnegazione, comparve in salotto reggendo l'enorme vassoio/scudo pieno di tazzine fumanti e a squarciagola annunciò: "Badrona il cafe!" Inutile dire che da allora noi lo beviamo con una f sola e senza accento.

Gli anni passavano, scanditi dal Ramadan che avevamo imparato a sopportare con rispetto e affetto per Amina, Afeda, Aisha e le altre che in quei periodi occupavano più assiduamente la nostra cucina, dove nessuno di noi osava mettere piede. Nemmeno Quellacritina, in quei giorni, aveva l'ardire di chiedere qualcosa da mangiare prima del tramonto, né si sognava di pretendere nulla da una donna a digiuno che cantava sommessamente, aiutata dal mangiadischi gracchiante, le sue nenie in sfarzosi abiti inadeguati ai fornelli e alle pulizie. Noi diventavamo grandi e Amina diventava sempre più libera e autonoma tanto che un bel giorno si è presa in affitto una "camretta" in una piccola Casablanca sorta nel frattempo ai lati di corso Buenos Aires, viale dove Amina passava veloce per paura che le strappassero la catena d'oro regalo di 5palle. "Ci sono dropi negri," diceva e non capiva né perché noi ridevamo tanto, né la filosofia dello scippo. Un conto erano i suoi fratelli, più rispettosi, che rubavano in Marocco "radioline, telibisioni e biciclette ma mai oro che sta su persone" e lo facevano, come avevamo imparato, perché in prigione li tenevano bene come cavalli. Così abbiamo capito che se Boverocrepax teneva bene noi come cavalli era perché ci trovavamo in una sorta di confortevole prigionia. Approfittando dei vantaggi di questa galera a cinque stelle o per puro caso o per amore io sono rimasta incinta. Un fatto semplice e spontaneo che ha spianato ogni piccolo attrito tra Amina e Quellacritina di mia madre e ha portato un'atmosfera di festa tra Italia e Marocco. Festa funestata dalla madre del padre di quel bambino che poi era una bambina e ora è una donna. "Quella telefona molto forte per dire: niente bebe a mio fillio. E Quellacritina di tua madre piange e piange". A ogni telefonata Amina preparava un canarino molto giallo ("io mette molto di zucchero"), si accovacciava per terra accanto a mia madre e, mentre l'altra urlava le sue ingiurie, le accarezzava con garbo i capelli.

Temporaneamente i rapporti tra Amina e Quellacritina avevano preso una piega diversa. Temporaneamente.

I nove mesi d'attesa erano stati piuttosto turbolenti ecco perché ognuno, in cuor suo ma non solo, quando finalmente la Bambina ha fatto il suo regale ingresso in casa si è sentito in diritto e dovere di esserne madre. Nigula e Mangare, zii diciassettenni, progettavano per la neonata futuri strabilianti, Quellacritina tentava di scalzarmi forte della sua triplice esperienza, Boverocrepax portava la neonata al parco giochi, mentre le mamme marocchine davano il proprio contributo allo svezzamento ciascuna secondo la sua natura. Se passava Aisha freddolosa raddoppiava le coperte, Afeda le tirava fuori i piedi mentre Amina cantava e dava istruzioni salvavita. "Quando la Bambina strozza con pane tu mette dito in gola, quando strozza con cose piccole e dure tu prende per i piedi e agita suo corpo come serpente". Più tardi, messe in pratica le soluzioni delle mamme marocchine, siamo riusciti a recuperare quasi tutti i tasti della macchina per scrivere. Nel frattempo 5palle, vinta l'avversione di sua madre, avanzava sempre più pretese e Amina, ravvivata da quintali di henné, se ne andava a pescare pisci mandando in tilt l'ordine, si fa per dire, imposto da nostra madre che da quando c'era la Bambina era diventata inflessibile. Boverocrepax continuava a soffiare il naso di Amina in lacrime, offesa dai rimproveri, tanto da guadagnarsi il nuovo ruolo di Monmarì, come lo chiamava mia madre rivolgendosi a lei nella speranza che il francese le fosse più famigliare. Questo nuovo Monmarì ci terrorizzava. "Monmarì va venir," e tutti temevamo che da Casablanca arrivasse quello che rompeva in testa le bottigliette dell'aperitif; quello che "sposato antra donna monto bella quasi madre per mio fillio". Una volta capita l'antifona e affidata la nostra sicurezza a 5palle coprivamo le intemperanze di Amina a scapito nostro. Quellacritina, incurante del rischio che correva, impartiva ordini a casaccio, secondo noi e soprattutto secondo i principi di Amina, pioniera impavida del femminismo in casa nostra. Finché è avvenuto l'irreparabile. Lungo il quieto fiume Magra in una casetta d'affitto per l'estate l'incauta Critina in competizione con Boverocrepax ha detto: "Amina, Monmarì va venir fai delle patate lesse". L'infame sorrise (cit.) e rispose: "Vai a dar via il culo". E fu la fine.

Cibo

A casa mia il cibo ha sempre avuto un sapore diverso da quello che si mangiava dalle altre parti. A volte aveva perfino un sapore diverso dal cibo. Poi, con l'evoluzione della specie le cose sono cambiate: non migliorate. Almeno non sempre. Comunque i Crepax non hanno mai avuto il culto del cibo né lo hanno mai vissuto come una tradizione da rispettare e tramandare, tranne nel caso del Sartù.

Mia nonna Maria cucinava per suo marito. Punto. Quando Gilberto suonava alla Scala usciva presto, prima di cena, e lei gli preparava un energetico zabaione giallo e fumante. Buono. La Maria Macola mangiucchiava tutto il giorno biscottini salati e caramelle mentafernet e quando si sedeva a tavola diceva: "Oggi non ho niente di fame".

Mia madre, dopo averci raccontato decine di volte dei sensi di colpa per quella pelle di salame che pendeva vuota nella cantina, mentre sua madre negli anni della guerra si consolava all'idea di avere come riserva l'insaccato ormai sacco, ha sempre pensato e detto e stradetto che mangiare è solo una necessità. Per quello si era pappata tutto il salame, aveva fame.

Negli anni Sessanta a Milano c'erano il lattaio, il macellaio, il salumiere, il panettiere o fornaio e il droghiere. C'erano anche le edicole e i benzinai che adesso non ci sono più ma non vendevano roba da mangiare. Fare la spesa era, quindi, una gran rottura; soprattutto per una madre di famiglia che amava la sua famiglia ma che avrebbe preferito cibo in pillole. L'ha sempre detto.

Le polpette, a volte sostituite dal polpettone a casa mia erano un classico che poteva durare una settimana. Le ultime ingentilite da salsa di pomodoro (versata direttamente dal barattolo) e piselli (versati direttamente dal barattolo). Gli spaghetti dei napoletani poveri erano così: si sbarattolavano in una zuppiera olive nere e capperi e poi gli spaghetti che si raffreddavano subito per cui bisognava essere lì pronti con la forchetta in mano. Il purè liofilizzato e il prosciutto che mia madre rifiniva fetta per fetta con le forbici perché il grasso fa male. Uova sode, frittata, patate lesse schiacciate con il formaggino Mio e quintali di crema pasticcera che va bene come dessert, merenda e prima colazione.

Da questa cucina siamo usciti io, i miei fratelli e i nostri figli e ognuno di noi è in grado di offrire mirabolanti variazioni sul tema.

Leone e la Natalia, tira di qua e tira di là sono riusciti a spartirsi il codino di un porceddu, picchiavano la forchetta sul tavolo invocando fegato alla veneta e hanno sperimentato senza battere ciglio, anzi, un rinomato ristorante di Monaco di Baviera dove servono polmone in umido anche senza gatti. La Natalia si esibisce in torte scenografiche e ha vinto un premio con *L'urlo* di Munch di pan di Spagna. Leone il fisico sperimenta la cucina *sous vide* ma anche con la parmigiana scientifica non se la cava male. La Rosa e la Carlotta più simili alla Luciana mangiano spesso dal pacchetto (l'ho visto su Instagram). L'Alice, con al seguito Diego (quello che mi chiama la suocera) e i loro tre bambini sono passati al sedano e ai suoi derivati al profumo di oli essenziali, ma anche loro con master e diplomi in melanzanachef. La Margherita fa una torta che si chiama Sbagliata ma è giustissima. Io cucino, eccome. Giuro, però, che posso smettere quando voglio di tentare con il babà.

Il Sartù

A casa mia non era elegante avere rispetto per le tradizioni. Noi eravamo gente fuori dal comune. Ma il Sartù è sempre stata un'altra storia. Il Sartù non si capovolge come la Bomba di riso (specialità eccellente della Maria Veronica, mia suocera, rispettosissima delle tradizioni e impeccabile replicante di ogni specialità culinaria romagnola). Il Sartù, nel bene e nel male e forse controvoglia è entrato a far parte di quelle poche tradizioni che non minavano la nostra originalità perché rafforzavano la napoletanità di mia madre.

Il Sartù ha il riso rosso, ma vai a sapere se è riso bollito o risotto. Consultare un libro di ricette non era cosa perché nonostante fosse libro non era da leggere ma da consultare, quindi nonlibro. A furia di tentativi la Luciana un bel giorno ha decretato: bollito. A quel punto l'importante era avere la pentola adatta. Dopo una cinquantina d'anni di tentativi e di Sartù caldo fuori e freddo dentro o caldo dentro e carbonizzato fuori si è optato per uno stampo da budino con il pirolo in mezzo. Se si fosse dovuto capovolgere sarebbe stata una ciambella, non un

Sartù (lo stampo della Maria Veronica era ovale e di rame, si capovolgeva in un toctoc e plop usciva la bomba perfetta).

La preparazione del piatto napoletano richiede ore di intenso lavoro e la memoria di tutti gli ingredienti, esclusi i fegatini di pollo che vanno dimenticati a priori. Quindi, riso al pomodoro, al dentissimo ovvio, sistemato a strati con: piselli, funghi, minipolpettine di carne di manzo, tocchetti di salsiccia, prosciutto cotto, mozzarella (quella cattivella ma che non fa l'acqua), parmigiano, besciamella e uova sode a pezzi. Si conclude con uno strato di riso che nei casi fortunati fa una crostina.

Il Sartù è stato per anni il pranzo di Natale e, siccome più o meno ogni anno almeno un ingrediente veniva dimenticato, il Natale era sempre una sorpresa.

Quando l'Alice e le gemelle di Nicola sono diventate vegetariane la Luciana, donna dall'intelligenza versatile anche se ferma sulle sue posizioni, ha sperimentato un Sartù vegetariano sostituendo la salsiccia con le carote, il prosciutto e le polpette con niente. Il Sartù dimezzato ci ha allietato finché qualcuno ha detto: ai bambini non piacciono i funghi. E siccome, a casa mia, i bambini vengono prima di qualsiasi cosa, anche del Sartù, siamo passati alle lasagne al pesto. Sperando che a Napoli non lo venisse a sapere nessuno.

Dolciumi

Né Franco né Guido hanno mai scocciato come fanno certi maschi a tavola, gli andava bene tutto, ma se c'era qualcosa di dolce era meglio. Il loro piatto preferito è l'omelette con la marmellata e una bella spolverizzata di zucchero sopra.

Guido mangiava le Charms, caramelle quadrate di tutti i colori chiuse in un pacchetto lungo e stretto. Franco ha sempre mangiato qualsiasi tipo di caramella. Mai una cicca americana come faceva invece Paolo Crepax, figlio dello zio Attilio, il violinista. La vita di Paolo a casa nostra è sempre stata un gran pettegolezzo, quasi una leggenda. Ce la raccontiamo così, ma chissà se è vera. Paolo viveva a Venezia e veniva trovarci d'estate a Cervia (i miei fratelli non erano ancora nati quindi non possono dire, come al solito "io questa non me la ricordo"). Arrivava con la bici da corsa e uno zainetto in spalla pieno di certe cicche americane rosa piccole, quadrate, incartate una a una in una specie di carta oleata. È stato lui a insegnarmi a attaccare la cicca masticata sotto il tavolo per poterla recuperare più tardi. Paolo era bellissimo e si è sposato con una fantastica Magda tipo fotomodella che aveva sempre i guanti uguali al cappello e alla borsetta. Paolo aveva il diabete, insegnava all'università e si narra che un giorno ha mangiato venticinque meringhe con la panna così è morto. Anche lui, come Franco e come Guido aveva un'alimentazione infantile.

A casa di Guido, l'ho già detto, erano piuttosto avari. Una volta ci siamo divisi in sei un tartufo gelato da uno, però l'abbiamo gustato con piacere nel suo bel salotto con le poltrone di Caccia Dominioni ricoperte con un lino pesante a grappoli d'uva disegnato da William Morris e i cucchiaini d'argento del servizio San Marco che ancora infesta i nostri cassetti. I Crepas di Guido spendevano per le cose essenziali, noi Crepax di Franco spendevamo per spendere. Comunque, se in casa c'era qualcosa di buono e intorno ronzavano i fratelli Crepax quel qualcosa andava messo in salvo sotto il letto. Mia nonna che lo sapeva teneva caramelle e biscottini nella borsetta.

L'Esselunga

Quando il 27 novembre 1957 ha aperto a Milano in viale Regina Giovanna il primo supermercato Esselunga non si parlava d'altro. Mia madre, patita dello scatolame era al settimo cielo anche perché detestava i rapporti con i bottegai. Franchestìn che, al contrario, non poteva esimersi dall'attaccare bottone con tutte le commesse era diventato amico di quelle dell'Esselunga di viale Piave e spesso andava a fare la spesa con una rosa per la cassiera. La vita alimentare dei miei genitori ha avuto bruschi e schizofrenici cambiamenti grazie alle innovazioni di Caprotti. L'avvento dei cibi pronti ha allontanato la Luciana dai fornelli, accesi soltanto per scaldare ogni sorta di Quattro salti in padella. Meglio ancora se le novità erano da microonde. Strumento che ha accompagnato la vita di mia madre fino alla fine rallegrandola.

Ma il godimento vero è arrivato con le confezioni da due tramezzini: prosciutto e funghi, salmone e lattuga, pomodoro e mozzarella, gamberetti in salsa rosa. Il frigorifero strabordava di quelle leccornie che costituivano la loro cena. Un pacchetto in due, la tavola perfettamente apparecchiata con la doppia forchetta (non sia mai che a casa mia ci sia una forchetta sola), i piatti Richard Ginori e il tramezzino, non da sbocconcellare, ma da mangiare con le posate. Come la banana, ha sempre preteso la Luciana.

Mia nonna, che adorava provocare, preferiva il Pam.

Le lenticchie

A capodanno la madre di mia sorella non vuole le lenticchie perché dice che l'hanno ridotta in miseria. Si dimentica che quando l'abbiamo presa con noi era una pezzentella diseredata che mangiava pane e frittata. Non si ricorda più che la sua mamma, vedova precoce, le permetteva solo di pulire il piatto dove suo fratello aveva mangiato la bistecca. Non ci pensa più a quei piselli secchi ingurgitati come caramelle durante gli anni della guerra e alla scatola vuota sotto l'albero di Natale con il biglietto: "Qui dentro avrebbe potuto esserci una bambola". La madre di mia sorella non ha mai avuto la seggiolina impagliata che desiderava e doveva riempirsi le maniche del vestitino con la carta velina per farle sembrare a sbuffo. Quando l'abbiamo presa con noi aveva un cappottino nero tutto liso sui gomiti con il colletto di finto pelo e perfino mio nonno che non si esprimeva mai aveva dato parere contrario al suo ingresso in famiglia. Anche lo zio Oscar, da Cagliari, aveva mandato a dire che forse se ne poteva trovare una meglio. Quelli di Wagonlit l'avevano pure licenziata perché spediva via i treni senza le lenzuola. Ci ha fatto piangere tutta l'infanzia con la storia che la zia Linda l'aveva messa a pensione dalle suore. Con l'altra storia che quando la sua mamma è morta il prete ha portato un ombrellino rosso per l'estrema unzione poi ci ha fatto singhiozzare mica male. Noi l'abbiamo fatta ridere e le abbiamo dato tutti i comfort, perfino la 500 Giardinetta e adesso se ne sta avvolta nella coperta di pura lana vergine sul suo divano azzurro, ma niente, le lenticchie non le vuole. Dice che sono un imbroglio, che non è vero che portano soldi.

Il minestrone

Verrebbe da dire che fa così perché ha quasi novant'anni. Ma non sarebbe vero e chi la conosce sa che fa così perché è così!

"Al papà è piaciuto molto il minestrone che gli hai portato l'altro giorno, quello che ti ha fatto il portinaio," dice la Luciana.

"Il portinaio?! Guarda che ti sbagli, il minestrone l'avevo fatto io".

E mentre la guardo penso che non mollerà. Non lo farà. Non che ci tenga a essere riconosciuta come cuoca di un minestrone ma stupidamente insisto nel desiderare di essere trattata come essere umano ragionante.

"Comunque me lo hai detto tu: ti ho portato il minestrone che mi ha fatto il portinaio".

"Mai e poi mai avrei detto 'ti ho portato' sapendo che tu rifuggi dai cibi che si devono consumare con il cucchiaio".

"Come sei pignola".

"E poi perché mai il portinaio avrebbe dovuto farmi un minestrone?"

"Ti porta le arance dalla Sicilia. Siete così intimi".

Il pescepollo

L'antefatto

Qualche volta mia madre cucinava le polpette, ne faceva tantissime "così non ci si pensa più". Il primo giorno era una festa, il secondo una routine, il terzo una noia, il quarto uno schifo. "Si mangia per necessità, non per divertirsi," dice e diceva. La sua non è una linea di vita dettata da un'etica particolare, semplicemente considera il tempo speso in cucina e nella masticazione tempo sprecato. È una donna intelligente, colta e attenta al mondo che cambia, quindi è grata all'Esselunga che ha introdotto nell'alimentazione il tramezzino già confezionato e alla Knorr che propone sempre nuovi risotti liofilizzati. La nuova cultura del cibo non la smuove di un millimetro dalle sue convinzioni: mangiare, purtroppo, è un obbligo. E basta.

Il fatto

Mia madre: "Ho cucinato un pesce squisito, te lo consiglio, si fa in un attimo. Senti puzza di pesce? – non la sento – Vedi, abbiamo appena finito di cenare, c'è ancora lì il pentolino sporco e non c'è nessun odore". Ne convengo e apprezzo che mia madre non ritenga più il cibo un argomento tabù.

"Franco diglielo anche tu, com'era il pesce?" "Ottimo," risponde mio padre che si adegua.

"Aspetta, lo voglio ricomprare," insiste mia madre, "voglio proprio vedere che pesce era". E fruga nella spazzatura a caccia della pregiata confezione. Trovata: "Ah no, era pollo".

Io ai fornelli

Forse per fare dispetto a Quellacritina di mia madre io sono un'ottima cuoca e uno dei miei massimi estimatori è mio nipote Leone che dopo la prima teglia di lasagne Porcofino è caduto vittima di un delirio di onnipotenza digestionale e al canto di: "Aquí se queda la clara, la entrañable transparencia de tu querida presencia, lasagna Porcofino" ha affrontato la seconda teglia.

Gigi Zazzeri
(ovvero il casalingo)

Il suo massimo pregio è stato quello di aver sempre lasciato la cucina più in ordine di come l'aveva trovata. Il suo massimo difetto è stato sempre quello di offendersi a morte se rifiutavi un cocktail. La sola volta che al bar Basso ho chiesto un succo di pomodoro mi ha guardato come si guarda la suola della scarpa dopo che hai pestato una merda di cane e mi ha detto: "Se è così dovevi dirlo prima che non venivamo neanche". Ho optato per un Bloody Mary, cocktail per deficienti. Il suo difetto di mezzo sono sempre state le tradizioni culinarie. Non c'è stato lunedì di Pasqua senza riso con l'uovo, né Pasqua senza costine di capretto e carciofi fritti. E ogni primo dell'anno si aprivano le danze sulle note del concerto di Vienna con quintali di würstel e crauti. Ma io l'ho amato soprattutto perché non ha mai detto, come il maschio comune e volgare, "mia madre però faceva questo e faceva quello," perché lo faceva lui. Per gli ospiti di riguardo risotto con le braciolette e per una serata romantica scaloppine con il purè, sostenendo che con quella ricetta specialissima aveva conquistato un sacco di cutrettole. Le ragazze le chiama così.

Peso specifico

I Crepas supersnelli fino al più piccolo Thomas magro come un chiodo e a Sara grande atleta. I Crepax un po' meno. Quellacritina di mia madre non ha mai sbordato da una taglia 42. Franchestìn appoggiandosi solo un po' al davanzale della finestra ha sempre avuto un rapporto benevolo con la bilancia e viceversa. Io no. E mio padre che lo sa da perfetto tre s (sadico stronzo strafottente) un giorno che gli chiedevo aiuto non so più per che cosa mi ha detto lapidario: "Ho già fatto molto per te, ti ho dato la vita. Non è colpa mia se sei grassa".

Ho sempre pensato che in famiglia si annidassero le serpi più velenose. Ma ogni tanto nasce una serpe salvifica.

Dopo una delle centomila diete, già sconfortata in anticipo, salgo su una pesapersone (che occupandosi come dice il nome di persone dovrebbe avere un'umanità intrinseca ma non ce l'ha). La Hoover digitalmente più cortese della Braun dichiara 70 chili (dico pesi e marche a caso per fare casino e confondere le idee, le mie). Alla Tefal piaccio più grassa e la Laica mi dà due etti in meno. La Quidnovi mi parla pure e le taglierei la lingua. La Bosch abituata a corpi tedeschi mi trova leggerissima. La Terraillon ha un ago rosso minaccioso che non sta mai fermo. Sconsolata passeggiavo in corridoio meditando su una pizza unta quando incontro mio nipote Leone, il fisico del fisico che mi alleggerisce così: "Quello che conta è il peso specifico. Un chilo di corpo equivale a un litro d'acqua. Per riempire una vasca da bagno ci vogliono circa due corpi e tutto, comunque, prima o poi finisce nello scarico".

Io e l'altra Valentina
(ovvero quante scocciature)

Il telefono

Una volta c'erano i telefoni attaccati al filo che a sua volta era attaccato al muro di casa. Il telefono aveva la cornetta e una tastiera (prima ancora una rotella) con i numeri da uno a zero. Ognuno aveva il suo numero che era pubblicato sull'elenco del telefono che ogni anno veniva distribuito rinnovato di casa in casa. Niente di più normale che alla voce Crepax Valentina comparisse il mio numero e anche il mio indirizzo. Era così per tutti, tranne che per i vip privilegiati che potevano chiedere un numero riservato in modo da non essere continuamente scocciati dai fans.

Io avevo un numero come tutti quelli normali. Anche Guido aveva il numero sull'elenco del telefono, ma siccome non aveva voluto spendere quelle 500.000 lire per avere la x nel cognome figurava come Crepas e nessuno lo prendeva in considerazione.

È così che una quarantina d'anni fa nel tardo pomeriggio di tutti i santi giorni ha cominciato a telefonarmi un cretino, convinto di parlare con il fumetto. Se rispondevo io attaccava sempre con la solita solfa: "Voglio toccarti il culo e le tette," se facevo rispondere a un uomo, sperando che il maniaco si intimorisse e desistesse, lo scemo precisava: "Voglio toccare il culo e le tette di Valentina". Un bel giorno gli ho chiesto con chi volesse parlare e lui: "Con la Valentina di Crepax, con te, voglio toccarti il culo e le tette". Da quel giorno sono diventata anch'io vip e grazie a una denuncia contro ignoti ho meritato un numero riservato.

L'imbroglio

Alessandra Kustermann, amica dei vecchi tempi, è una ginecologa attivissima nel sociale con grande impegno, tanto che si è meritata l'Ambrogino d'oro dal comune di Milano. Tra le altre cose ha fondato il centro antiviolenza per la tutela delle donne e dei bambini, nel 2012 si è candidata alle primarie regionali di centrosinistra. Aveva bisogno di firme e io ho firmato.

Peccato che a Panorama.it una giornalista abbia pubblicato un articolo che suonava così: "Retroscena sconcertante dietro [mai visto un retroscena davanti] le firme raccolte dalla Kustermann. Alcune di quelle firme d'appoggio risultano essere fasulle come quella di una certa Valentina Crepax che ricorda il mitico personaggio dei fumetti del famoso Guido Crepax".

Ho mandato due righe di autocertificazione di esistenza in vita ed è arrivata l'esilarante rettifica: "La redazione si scusa con la signora Valentina Crepax e con i lettori per l'ingiustificabile errore in cui siamo incorsi mettendone in dubbio la reale esistenza".

La spudorata terza Valentina

Ero in vacanza in Sicilia, collaboravo a *Sette*, l'inserto settimanale del *Corriere della Sera*, quando squilla il cellulare: "Senti Crepax, cosa stai combinando? Ha telefonato una tua omonima che ha ricevuto una mail, evidentemente indirizzata a te, piena di parolacce e insulti". Io? "Sì tu, non si capisce se questa mail l'hai inviata tu o era indirizzata a te, fatto sta che questa poveretta non sa come comportarsi". Lo so io! Non esiste al mondo un'altra Valentina Crepax! Giratemi la mail.

La mail in questione non era affatto piena di insulti, si trattava del testo di una canzone di Elio e le Storie Tese che avevo chiesto per inserirne dei pezzi in un articolo che stavo scrivendo. Titolo della canzone: *La follia delle donne* (dove si citano le scarpe di merda).

Scrivo alla signora che aveva un malefico punto tra il nome e il cognome e questo è stato in parte la causa del disGuido. "Gentile signora mi dispiace per quanto è successo, ma mi dispiace ancora di più avvisarla che sarò costretta a denunciarla per furto di identità". La poveretta, simpatica davvero, non sapeva più come scusarsi d'aver preso in prestito il mio nome perché aveva un caschetto di capelli neri, perché faceva la fotografa, perché era un'ammiratrice sfegatata di Guido e mille altre palle. Alla fine siamo diventate amiche e quando, cinque anni dopo, Guido è morto mi ha mandato una bellissima lettera di condoglianze.

Facebook

Chiappe al vento, su Facebook le Valentine Crepax spopolano. Quelle che si chiamano così perché il nonno gli ha lasciato in eredità la collezione di *Linus*. Quelle che fanno sogni porcelli e vogliono condividerli, magari a pagamento, con tanti Rembrandt. Quelle che aspirano a diventare fumettare e tentano di trasformare la Valentina di carta in un manga.

Le Valentine Crepax sui social sono troppe per combatterle e annientarle. Ci ho provato, ma hanno una protervia dettata, immagino, dall'enormità delle loro tette che mi ha disarmato, nonostante non mi sarebbe difficile competere. Ma non ho più l'età né per le guerre né per le tette, quindi conviviamo.

Poi ci sono quelli che ti chiedono l'amicizia, spulciano nella tua vita, si rendono conto che non gliela darai mai o che se anche gliela potresti dare non sarebbe mai neanche lontanamente quello che potevano immaginare, sognare, ma non mollano. Ti tempestano di domande e il loro scopo è scoprire come sono stati ingannati. Non demordono, devono scoprire dov'è la Valentina delle loro fantasie perverse. Non si rassegnano alla carta.

Giornalisti

"Buongiorno, vorrei iscrivermi all'Ordine dei giornalisti della Lombardia".

"Nome, cognome e data di nascita".

"Valentina Crepax, 17 giugno 1952".

"Sì ma il nome?"

"Valentina Crepax".

"Il nome non lo pseudonimo".

"Valentina Crepax".

"Mi fornisca un documento".

Taxi

Negli anni Sessanta e anche Settanta si chiamava il taxi con il telefono di casa direttamente al parcheggio più vicino. Il tassista chiedeva: "Nome?"

Ovvio: "Crepax". E lui: "Crepi lei," e non veniva.

Adesso quando chiami un taxi a quello compare il tuo nome in automatico sul computer di bordo e l'autista, mentre ti raggiunge, ha tutto il tempo di rimuginare e organizzarsi così, quando sali in macchina, ha la sua sparata infinita di domande bell'e pronte.

Mutande pazze

Un altro guaio tra tutti quelli che mi ha procurato Guido è quello di quelli che credono che sua moglie si chiami Valentina. Può darsi che il disGuido sia stato alimentato dal fatto che io per tutta la vita, un po' per trovare una via d'uscita, un po' per non leggere lo sgomento negli occhi dei miei interlocutori quando erano convinti di trovarsi di fronte una strafiga, ho sempre divulgato la grande notizia: la vera musa ispiratrice di mio zio è sua moglie Luisa, figlia del generale dei carabinieri Mandelli e della signora Hagar di Trieste. Così succede che...

"Pronto? Parlo con Valentina Crepax?" (vocetta da paradolescente).

"Sì, sono io buongiorno," rispondo mentre scarico 6 chili d'uva dall'automobile.

"Sono la giornalista, Pinca Palla de *Il Giorno*. Avrà letto sul nostro giornale la polemica che è nata da un articolo sull'ultimo libro di Giampaolo Pansa?"

"No, non leggo il vostro giornale". Intanto penso che una volta si chiedeva almeno: disturbo? Posso parlarle due minuti? Niente.

"Ma come? Abbiamo ricevuto un sacco di lettere, mail, SMS sulla questione".

"Mi fa piacere, ma mi dispiace non conoscere l'argomento e in questo momento avrei..."

La vera musa ispiratrice di mio zio è sua moglie Luisa, figlia del generale dei carabinieri Mandelli e della signora Hagar di Trieste.

"Mi serve un suo parere rapidissimo, siamo in chiusura, in quanto ispiratrice di Guido Crepax, sul passaggio dell'ultimo libro di Pansa dove si dice che sua nonna non portava le mutande".

Anch'io sono una giornalista e in automatico faccio due conti: Pansa è nato nel 1935, è lecito pensare che sua nonna sia vissuta nell'800, il titolo del libro edito da Rizzoli è *Poco o niente. Eravamo poveri. Torneremo poveri*. Da cui si evince che non avevano nemmeno le mutande. Comunque dubito che la descrizione che il giornalista ha fatto dei rapporti di sua nonna con l'intimo possa avere qualcosa in comune con la super sexy spavalda Valentina Rosselli. Appoggio l'uva e decido di esagerare.

"Forse lei ha sbagliato numero".

"No, io voglio parlare con Valentina Crepax, lei è Valentina Crepax?"

"Sì, sono io," e intanto cerco di fare mente locale su che mutande ho addosso. Di sicuro le ho.

"Lei è quella a cui Guido Crepax si ispira per la sua Valentina?"

"Guardi che Guido Crepax è morto".

"Ah, davvero?" (La mia mente in automatico volge un pensiero alle scuole di giornalismo da cui escono novellini incapaci di raccogliere informazioni, almeno dessero un'occhiata a Google prima di parlare).

"Eh. Comunque non sono io. Lei vuole parlare con quella signora pettinata a caschetto come Louise Brooks?" (chissà se sa chi è).

"Sìsì, con Valentina Crepax," insiste l'ebete con l'entusiasmo di chi percepisce dieci euro a pezzo ma lavora per un quotidiano.

"No, si sbaglia, quella signora è la moglie, anzi la vedova di Guido Crepax, io sono la nipote".

"Ah, non è lei Valentina Crepax?"

"Sì, io sono Valentina Crepax," dico tanto per rompere i coglioni poi decido di lasciar perdere e mentre mi interrogo sul mestiere che ho scelto e sulla sua evoluzione nel tempo rispondo scandendo bene le parole per farmi capire: "Se vuole le posso dare il numero di telefono della Luisa Mandelli, mia zia, moglie del disegnatore".

"Ma dai?" domanda incredula la giornalista del giornale che non leggo. "Luisa, come la moglie di Manara. Che coincidenza!"

E mi viene in mente mia madre quando diceva: "A un certo punto subentra l'orgoglio e... vaffanculo a mammete".

Un nome vale l'altro

Ho ordinato una cosa in un negozio elegante, in pieno centro, la commessa, gentilissima sui sessant'anni, golfino grigio e filo di perle. Insomma, non quelle che ti danno del tu e ti guardano come se fossi la loro nonna un po' rincoglionita. Una commessa come si deve.

"Mi lasci il suo nome per cortesia".

"Crepax".

"Ah, come lo psicologo?"

"No, quello si chiama Crepet".

"Ah be', è lo stesso".

Ma come è lo stesso? Deficiente.

Carriera

A casa mia si è sempre detto: "Quello è uno che vuole arrivare". Con questa frase più toponomastica che altro, anche se mancante della meta che l'infelice si prefiggeva di raggiungere, si indicava con sdegno una persona ansiosa di fare carriera. Così, a casa mia, chi anelava a un ruolo di qualche rilievo in qualsiasi campo era da considerare uno stronzo, maschio o femmina che fosse. È stato forse per affermare il mio posto in famiglia di figlia maggiore che ho sempre remato contro lo stereotipo della donna in carriera più o meno in tutti i lavori che ho fatto, questo però non vuol dire che nel mio intimo non abbia accumulato una valanga di successi, assecondando la mia aspirazione: quella di non avere successo.

A casa mia il disprezzo per le donne in carriera a cavallo tra gli anni Ottanta e Novanta ha raggiunto il massimo livello quando dall'oggi al domani ho trovato un posto di lavoro fisso (altra cosa cui non era elegante ambire secondo il regolamento Crepax) in un periodico. All'improvviso, tra le mura domestiche, sono diventata quella che esce la mattina e torna alla sera, che mangia alla mensa, che ha delle colleghe... qualche collega maschio. Quella che ha svoltato verso la banalità, forse quella che vuole arrivare. In poche parole sono entrata nel mio ruolo di dipendente piena di pregiudizi, diciamolo, idioti finché sono pregiudizi. Quando però il giudizio conferma il pregiudizio la storia cambia. Fatto sta che in quella redazione popolosissima spiccava per insopportabile voglia di arrivare una dell'ufficio centrale brutta, inelegante e dai modi rozzi oltre il sopportabile. Non che il mio livello di tolleranza fosse particolarmente alto, lo ammetto. La tipa arcigna, bassotta e grassoccia non faceva mistero di avere un'odiosa avversione per l'acqua, lo shampoo, la manicure e per me. Allora ero alta, magra, pulitissima e sempre in vena di scherzare, cosa che irrita moltissimo chi è concentrato su se stesso e quindi privo di qualsiasi senso dell'ironia. La signora in questione se la tirava da bestia e me le tirava in modo bestiale. La sua abilità nella lettura a y faceva sì che sfogliasse rapidamente i miei articoli borbottando "non mi frega non mi frega non mi frega". A volte si piccava di correggere parole tipo *fino a* in *sino a* preferiva *qualsiasi* a *qualunque* e spavaldamente aggiungeva d a cazzo... *ad ogni, ed anche* eccetera. Altra tortura che praticava con il sadismo che il suo ruolo le concedeva era quella di ordinare a due misere redattrici lo stesso pezzo per poi confrontarli e scegliere il migliore. No, il meno peggio. Una vita di frustrazioni cui ho deciso di dare una svolta il giorno che mi ha commissionato un pezzo sui falsi d'autore. A quei tempi, si scriveva ancora a macchina, nella grande e storica casa editrice dove lavoravo c'era l'archivio più ricco e affascinante che si possa immaginare. Tra i vecchi ritagli che avevo racimolato per cercare qualche spunto (si lavorava così) ho trovato, colpo di culo, un pezzo sull'argomento a firma della tipa, un'occasione da non lasciarsi sfuggire. Ho copiato il pezzo pari pari, ad, ed e od compresi, e con la mia solita faccia da schiaffi l'ho sottoposto al suo giudizio a y. "Questo pezzo fa schifo," ha commentato l'infame. E io, Franti, ho sfoderato l'originale d'archivio con la sua firma in neretto subito sotto il titolo, sentenziando: lo penso anch'io. Da allora i nostri rapporti sono peggiorati e io ne ho fatto le spese con successo.

Esperienze di carriera

Negli anni Novanta il potere effimero delle donne alla guida di riviste femminili ha raggiunto l'apice dell'eccesso. I giornali si vendevano a valanghe, la gente si abbonava per non fare nemmeno lo sforzo di raggiungere l'edicola e questo accresceva a dismisura l'autostima di quelle che dovevano decidere se parlare di come potenziare l'orgasmo o di come eliminare i duroni, vita alta o vita bassa, tacchi a spillo o ballerine, pollo al curry o al limone. Il tutto ammantato, nella fantasia della maggior parte delle ringhianti operatrici del settore, di un credo pseudofemminista, retaggio degli anni precedenti durante i quali loro si spendevano in favore della carriera e le altre lottavano per liberare gli uteri di tutte da imposizioni governative.

Le direttrici, supportate dalla piaggeria delle vicedirettrici, in perenne ansia da prestazione, lavoravano come muli. Questo va detto. Nella maggior parte dei casi consumavano energie per remare contro i loro collaboratori di basso rango con la logica conseguenza che se si fossero tirate la zappa sui piedi si sarebbero fatte meno male.

Le redattrici di buon carattere se ne fottevano, alle altre veniva l'ulcera, la depressione, l'idiosincrasia per lo shampoo, a alcune perfino le croste.

Tra tutte però ce n'è stata una che, con tutte le sue debolezze, le sue rivendicazioni sadiche (il sadismo era una condizione forse richiesta dagli editori per elargire ruoli di potere), il suo sfrenato gusto per la maldicenza e la sua indiscussa abilità nel seminare zizzania, va ricordata per le effettive e rarissime qualità di giornalista. Dirigeva *Anna*, un settimanale storico che non esiste più, e si chiamava Mirella Pallotti.

Questa donna, fiera delle sue tette nuove ma turbata dal fatto che una fosse più dura dell'altra, aveva la straordinaria capacità di giocare con la vita e con le persone. Si facevano interminabili riunioni sul fatto che fosse un fatto che le farfalle nello stomaco significano innamoramento. Ovviamente grandi inchieste sui migliori chirurghi estetici in grado di sistemare tette così così. Altro tema appassionante: gli uomini, tocchicciando qua e là, si accorgono che sei imbottita di silicone o ci cascano?

A questi argomenti avvincenti si alternavano però reportage sulle donne in cassa integrazione, sulle violenze domestiche e all'apice della sua carriera, la direttrice con le palle ha sfatato la leggenda del settimanale femminile che vende solo con le irraggiungibili bellezze in copertina sostituendole con immagini di cronaca vera e dura. E, con una copertina contro la violenza sessuale ha raggiunto il top.

In quei magnifici cinque anni io, che per natura, abitudine e vezzo sono una grandissima rompicoglioni, mi sono sentita insultare in svariati modi. Come a scuola tutti mi hanno sempre chiamato per cognome (come se Valentina su di me fosse uno scherzo). Crepax, sei un inviato di merda. Crepax, questo pezzo fa cagare. Mi sono stati inflitti castighi come intervistare Luciano Lama e Enzo Biagi su quando e quanto piangono gli uomini e per un lungo mese di un'estate dal caldo infernale ho espiato la mia colpa d'averla sfinita per avere il ruolo di inviato stando a Palermo seduta sulle panchine di un bel giardino in ozio totale: "Stai lì a fare l'inviato, prima o poi succederà qualcosa". Ma l'aneddoto che me l'ha fatta stimare per sempre è questo. Avevo intervistato una superstar delle boutique milanesi, sciura a mille e per descriverla avevo scritto "gonna a pieghe e tacchi bassi" (ci tenevo a sottolineare la banalità). La direttrice ha cancellato e ha sostituito con "stile bon-ton". Io, vittima di caporedattori che correggevano sino con fino mi sono ribellata: "Benissimo togli il mio nome, io un pezzo dove c'è scritto bon-ton non lo firmo". E lei, insuperabile: "Uffa Crepax sei la solita rompicoglioni! Va bene metti bon-chic e levati dalle palle". Un genio.

Altro giro altra direttora, con seguito di vice. Colte al volo nell'ufficio centrale, caparedattora a povera redattrice in erba:

"Estrappolare si scrive con due p perché viene dal latino: ex trappola, togliere dalla trappola".

"Una muta di cani?! Ma che cos'hai scritto? La muta è una cosa di gomma per andare sott'acqua".

"E qui cosa volevi dire? Chiostra di denti? Prendi il dizionario e controlla quello che hai scritto, asina! Ah be' vabbè, toglilo lo stesso nessuno sa che cos'è una chiostra di denti".

Mensile femminile, al lavoro tutti quanti anche il sabato e la domenica per controllare le bozze della pagina degli indirizzi: attenzione a come si va a capo con i nomi dei siti internet, fisime da donne senza una vita privata, donne che gioivano quando l'Esselunga rimaneva aperta anche la domenica perché "mi risolve la giornata", che mangiavano da sole in piedi appoggiate al lavandino di cucina per non fare briciole e che provavano orgasmi endorfinici correndo nei viali dei giardini pubblici. Donne che imploravano il capo del personale per trovare il modo di licenziare una redattrice che con tutte le ragioni del mondo le aveva mandate a cagare. Soddisfazione che poco dopo mi sono tolta anch'io. Supportata dalla solidarietà di mia madre che tutti i santi giorni mi diceva: "La mattina sei normale, ma la sera quando torni dal lavoro dimostri dieci anni di più".

Gli anni Sessanta

Negli anni Cinquanta/Sessanta in tutta Italia o quasi hanno cominciato a sovvertirsi i regolamenti base della famiglia tipo. Tutta colpa della *televisiun* che *la g'ha na forsa de leun* (cit. Enzo Jannacci).

A Milano, quelli che andavano a messa continuavano a andare a messa ma ci andavano con più leggerezza, le signore uscivano di casa già con un foulard di seta colorato in testa, non aspettavano più l'ultimo minuto davanti all'ingresso per coprirsi il capo con il velo. I ragazzi stavano sul sagrato a chiacchierare aspettando che la messa finisse. Le ragazze potevano andare in giro in pantaloni (niente stretch mi raccomando) e i ragazzi ancora costretti ai bermuda di vigogna grigia si vergognavano come ladri. Si ciondolava ai giardini pubblici, quelli che da quando c'è la statua brunita di Indro Montanelli si chiamano Giardini Montanelli (magari se non lo gambizzavano si sarebbero chiamati ancora pubblici e basta). In corso Vittorio Emanuele aveva aperto un negozio che ci ha cambiato l'intimo, vendeva la filanca e ha messo una pietra sopra le mutande di cotone, i calzettoni, il reggicalze e il costume da bagno di stoffa. La filanca è entrata in casa mia come Amelia la fattucchiera che ammalia. Collant (da leggere senza pronunciare la t come oggi fanno tutte le commesse di Calzedonia e miliardi di altre persone) di tutti i colori, mutande aderenti, sintetici di grande qualità mica come il terital delle gonne (grigie) a pieghe, dure come corazze.

Elio Fiorucci ha aperto il suo negozio (1967) in piazza San Babila e ha rivoluzionato gli armadi, i gusti e il cervello di tutti.

Nel decennio del boom economico Milano era diventata la guida morale e economica del Paese. La musica dilagava, il concerto dei Beatles nel '65 e quello dei Rolling Stones nel '67 hanno spinto il mercato dei dischi alle stelle e a casa mia c'erano, per la prima volta, un sacco di soldi. A casa mia circolavano architetti e designer e anche un sacco di altri intellettuali tipo radical chic. Nel 1963 Aldo Rossi mi ha portato al pronto soccorso perché mio fratello mi aveva chiuso l'indice della mano destra in una sedia a sdraio; siamo arrivati lì e a me penzolava un polpastrello, ma lui è svenuto. Mio zio Guido progettava per la Valentina (l'altra) un rapporto sessuale con il televisore Brionvega disegnato da Marco Zanuso nel 1964; il cubo nero Black ST 201. La radio Cubo ce l'abbiamo ancora. Tutti telefonavano con il telefono Grillo e se lo portavano in giro per casa con prolunghe infinite che facevano inciampare. Che bello quello di casa Mazzoni!

Gli studenti si buttavano in politica con gli operai, gli intellettuali facevano politica con gli studenti e con gli operai. La sezione del Partito comunista più in voga a Milano si chiamava Perotti-Devani, detta da tutti Salotti-Divani per via dei supersnob che la frequentavano. Così io mi sono iscritta alla Carlo Marx di via Orti. Non c'era nessuna differenza. I big Chicco Testa e Carlo Cuomo mi mandavano a diffondere *l'Unità* in piazza del Duomo perché avevo la gonna più corta e le gambe più belle di tutti. Ne vendevo a quintali e mai a nessuno è venuto in mente di dire: "Brutti stronzi maschilisti, mandate una ragazzina allo sbaraglio". Le femministe erano impegnate con la legge sul divorzio, quella sull'aborto e nel tempo libero bruciavano mucchi di reggipetti ingrigiti dai troppi lavaggi. Il sesso era un gran divertimento e si faceva a gogò.

Per andare da Fiorucci, meta quotidiana, si doveva superare il muro di sanbabilini (fascisti anche picchiatori) piazzati all'angolo di corso Vittorio Emanuele, ma si poteva anche fare il giro largo. La Ludovica Barassi, bellezza stratosferica, ci andava a piedi nudi. Come Sandie Shaw che cantava scalza *Quelli eran giorni*.

Le signore, quelle sui quaranta cinquanta andavano in via della Spiga, c'erano ancora il panettiere, il lattaio, l'ortolano e un piccolo droghiere sotto la sede di *Linus*. Le boutique di riferimento erano Cose, molto minimal e perbenino, e Gulp della smaliziata Gabriella, bionda e spettinata. A casa mia ci sono ancora quei vestiti di Gulp che mia madre comprava per andare al festival di Sanremo. Perché non si sciupassero li faceva viaggiare sul tetto dell'automobile dentro un'enorme scatola di cartone che una volta si è aperta facendo volare sete, piume di struzzo e velluti sull'aiuola spartitraffico. Recuperati uno a uno a marcia indietro. Io quell'anno avevo un vestituccio di lamé bluette di cui andavo molto fiera finché un cretino mi ha detto: "Sembri Liana Orfei". Non era vero.

Tutti al bar

I bar non chiudevano mai. Lo testimonia un biglietto vergato con scrittura infantile di mia sorella e lasciato appeso da qualche parte per la Luciana: *La Valentina è uscita ha detto che torna tardi, se torna dopo le due avverte. Noi andiamo a dormire.*

Guido non è mai entrato in un bar in vita sua e quando qualcuno gli ha chiesto il perché lui, pizzicandosi il mento come faceva sempre, ha risposto: "Non ne ho mai avuto bisogno". Era l'anno in cui Mina cantava *Fumo blu*.

Quellacritina e Boverocrepax erano spesso fuori alla sera: cinema, ma più spesso case di amici. Le case erano sempre aperte. Jazz in sottofondo, nuvole di fumo blu, tubini neri, capelli cotonati, whisky senza ghiaccio. Gli amici sempre quelli: i Lupi, l'Alpha Castaldi, Gio Vercelloni con la bellissima Isa Tutino (poi direttrice di *Casa Vogue*), Aldo Rossi, Zanuso con la Billa, il Leo Ferrari sempre squinternato e allegro, la Cinzia Ruggeri con il bell'Ottina (lei per fargli attraversare una strada piena di pozzanghere aveva disteso sull'asfalto la sua pelliccia bianca), i Solbiati e i Somaré, Enzo Belli Nicoletti, l'amico di Franchestìn, quello che gli ha detto che non sarebbe più uscito con noi la domenica perché io lo stancavo troppo.

I miei fratelli a letto che il giorno dopo c'era la scuola.

E io? Al bar. Ma mica uno qualsiasi. I bar per fare qualsiasi cosa erano tre, quello per mangiare i panini uno solo: il Quadronno. Al Tumbun de San Marc si mangiucchiava si sbevacchiava ma soprattutto si tramavano storie d'amore e si faceva un po' di sesso poco hard sotto i tavoli, meglio quelli rotondi nell'angolo. Da Oreste, lì dietro, con il tictactoc delle boccette si giocava all'Otto americano. I ragazzi si innamoravano e le ragazze giocavano.

A quel tempo avevo un fidanzato (si fa per dire) che si chiamava Alberelli era un po' ciccione e io preferivo un altro che si chiamava Bepu (nome del picchio). Così mio padre diceva: "Per me quell'Alberelli conte di Castelculone ha i giorni contati". A casa mia tutti sapevano tutto di tutti.

Fidanzati

La Luciana le fidanzate di Franco le ha sempre sistemate a dovere. Se lo ricorda bene la Natalia Aspesi: "Quella giornalista dell'*Espresso*, a dire il vero neanche tanto bella poverina, ci contava proprio su una storia con Crepax. Lui era bello, affascinante e stravagante e di sicuro gli piaceva dare qualche speranza. Ma la Luciana con una telefonata le ha stroncato ogni aspettativa. Nessuno sa che cosa le abbia detto ma la disgraziata è sparita". Non si sa se Franco sia stato altrettanto severo e determinato con qualche fidanzato della Luciana. Ma si sa che le ragazze sono molto più portate a fare molto bene le cose di nascosto. C'è da aggiungere che ai tempi d'oro Boverocrepax era un vip paparazzato su tutti i giornali di gossip e le sue foto con Gigliola Cinquetti, che non aveva l'età, hanno creato un po' di trambusto in casa. Ma roba da poco, non c'era sostanza.

Guido no, una volta scelta la Luisa Mandelli è rimasto lì a amarla tutti i giorni senza grilli per la testa. Lei era bella e maliziosa, ma si limitava a fare promesse senza costrutto a qualche fantasioso *tombeur de femmes* che poi veniva a casa nostra a lamentarsi per la delusione. Uno aveva i baffi rossi e credo che la Luciana l'abbia consolato.

Mio fratello si è fidanzato a quindici anni per quindici anni con la Gabriella che è venuta a vivere a casa nostra, ha sempre dato del lei ai miei genitori che la chiamavano Gabriellina e le hanno voluto bene nonostante avesse una produzione di briciole davvero esagerata. Enzo, l'amico di Franco che ha sempre avuto poca dimestichezza con bambini e ragazzi, aveva suggerito che si adibisse una stanza della casa alle briciole della Gabriella, ma non è mai stato fatto.

Mia sorella aveva l'abilità di far aspettare al telefono un poveretto con la scusa che doveva fare una cosa urgente, in realtà stava lì a far passare del tempo tanto per sembrare preziosa. Ma era molto molto giovane. Più tardi un suo corteggiatore al quale non apriva la porta, stroncata dalla sua assiduità, mi ha chiesto un consiglio. Gli ho suggerito di presentarsi al citofono come il fattorino del droghiere. La Margherita gli ha aperto ma non è servito a niente.

Poi sono venuti i mariti e le mogli e tutto è diventato più o meno normale. Nel bene e nel male.

Io avevo un sacco di fidanzati, uno a scuola e uno fuori di scuola, uno al mare e uno in città, uno in una stanza e uno nell'altra, uno dentro il bar e uno nel giardinetto davanti al bar, uno alla mia destra e uno alla mia sinistra, uno quasi vero e uno sicuramente finto. Ne avevo uno che mi piaceva tanto, forse gli piacevo anch'io perché si è spinto parecchio avanti; è andato da mio padre a chiedere la mia mano. Per fortuna Boverocrepax gli ha ricordato che, a casa, aveva già una moglie. Ne avevo un altro che non mi piaceva più ma non si voleva rassegnare, così si sedeva sul divano di fianco alla Luciana e mi aspettava. Ovvio che io cercavo di non tornare mai. Uno dei migliori, nel vano tentativo di recuperare terreno mi ha offerto un libretto da ventiquattro assegni tutti firmati. Il fatto che (stupidamente) lo abbia rifiutato stabilisce che per me fidanzarsi era un gioco molto divertente e basta. Tra tutti questi fidanzati ce n'era uno molto paziente che poi ho sposato e perfino amato e che merita un capitolo a parte. Non va dimenticato però che mentre io partorivo la figlia di un altro lui stava seduto ai piedi del mio letto con una scatola di dolcetti di Galli sulle ginocchia e mio padre, con un dente d'oro in mano, cercava di fargli credere d'averlo trovato dentro un marron glacé. Aneddoto che avrebbe dovuto fargli intuire che la vita a casa mia era piena di sorprese. Ma forse è proprio quello che gli piaceva. E gli è piaciuto.

P.S. Anche quel sant'uomo di mio marito ha avuto un sacco di fidanzate, a parte la Sabina che è da sempre una delizia frizzantina tipo quelle caramelle che sfrigolano sulla lingua o una bottiglietta di Perrier e che chiunque si vanterebbe d'aver baciato o altro e altro, Gigi ha sempre negato di aver amato questa o quella. Forse l'avrebbe negato chiunque: lagnose, noiose e bruttarelle, di quelle che si gasano un sacco se gli scrivi un bigliettino con smack e che ti rispondono con risme di carta vergata a mano da far sbadigliare fino a slogarsi la mascella. Le ho trovate tutte radunate in una scatola ma non le ho lette. Giuro non per rispetto, ma perché avevo già sonno prima di cominciare.

Ho sposato un adolescente

Mio marito? È un adolescente. Qualche capello bianco più qua che là. Il fianco morbido di chi entra in casa e corre a scoperchiare le pentole e ci mette un dito dentro. Lo sguardo sornione che dice: "Se sono fatto così che fastidio ti do?" E in effetti non è che dia grandi problemi... basta prenderlo come una missione. L'ho capito dopo molti anni. La mia missione è sempre stata quella di salvare mio marito da se stesso per conservarlo a lungo nel suo meraviglioso stato. L'operazione, all'inizio, richiede qualche sacrificio, devi avere cento occhi, ma poi vai via liscia come l'olio perché gli adolescenti, si sa, vivono di stereotipi, sono abitudinari, bugiardi cronici che si smascherano da soli e molto facilmente prevedibili. C'è poi un'importante differenza tra l'adolescente in fase evolutiva e quello stanziale che rende il secondo più gestibile. Il primo è facilmente influenzabile dai suoi coetanei e manipolabile da un adulto scafato. L'altro non ha coetanei perché quelli della sua età sono cinquantenni sia all'anagrafe sia nella vita (per lo più), quindi non è vittima del gruppo, non si lascia affascinare dai cattivi esempi, il suo

Mio marito? È un adolescente.

adulto di riferimento sei tu e non è spericolato. E invece no. Mio marito, come tutti gli adolescenti è sempre stato in perenne pericolo di vita e, soprattutto, ha messo a repentaglio la vita altrui. Principalmente la mia. Quando l'ho conosciuto aveva vent'anni, la coda di cavallo e una moto enorme, tanto che faticava a toccare con i piedi per terra (non ha le gambe lunghissime) e poi ha guidato l'auto come se fosse stata una moto. Cerca di insinuarsi tra due code di macchine come una supposta, corre come un pazzo fin sotto al semaforo rosso per poi frenare scalando le marce. Musica? A palla, ovviamente (Vasco Rossi "il grande Blasco", come dice lui). Riparte con un balzo che si ripercuote sulla cervicale di eventuali, temerari, passeggeri. Pennella le curve. Naturalmente ha scelto un'auto cabrio per abbronzarsi già in primavera (incredibile: ci riesce!) e avere i capelli scompigliati dal vento. Per un certo periodo gli ho salvato la vita lasciandolo guidare solo in città dove mi sembrava che ci fossero meno pericoli. In autostrada guido io. Punto e basta (a volte bisogna essere molto fermi).

Mio marito fa le cose di nascosto. Quando lo scopri ti si insinuano mille dubbi e molte perplessità... ti domandi se per caso hai sposato un imbroglione, uno che te la vuol fare sotto il naso. Avrà un'altra? Mannò! Lui nasconde le cose a se stesso. Allora, svelato l'arcano basta guardare ogni tanto sotto una pila di libri per trovare quattro multe da pagare, l'assicurazione dell'auto scaduta, la carta d'identità sciolta da ripetuti bagni in mare, credi di fare la furba e gli domandi: "Amore, hai pagato il bollo?"

Ma sai già che lui ha introiettato tre tipi di risposta che sfodera a seconda dell'umore del momento. Laconica da tredicenne stronzo: "Sì," e tu sai che non è vero. Esuberante da adolescente con sensi di colpa: "Sono andato ma c'era la coda, l'impiegata aveva mal di pancia, mi hanno rubato il portafoglio, c'è stata una sparatoria all'ufficio postale". Ruffiana da adolescente furbastro: "Ma non mi hai detto che ci avevi già pensato tu? Pensi sempre a tutto tu". E ti sorride affettuoso e grato. Sì, perché il marito adolescente pur essendo, al pari di un figlio quindicenne, un sovversivo ribelle a ogni regola imposta dalla società e dalla famiglia, che butta dal finestrino dell'auto l'impegnativa per la radiografia al fegato e mangia il cioccolato di nascosto dimenticandosi di pulirsi i baffi è, però, sempre allegro e riconoscente. Sfugge come un'anguilla se cerchi di inchiodarlo di fronte a un problema e a volte è comodo perché non ti lascia parlare... arriva immediatamente alla conclusione con affermazioni che ti consolano: "Vedrai, tutto si risolverà", oppure "Dov'è il problema?" Non propone soluzioni ma accetta di buon grado tutte quelle che gli vengono sottoposte.

Non sa cambiare una lampadina, anzi no, la saprebbe cambiare ma piuttosto che farlo gira a tentoni nel buio, confortato dal fatto che tra i suoi giocattoli (soldatini, pezzi di motoricordo, ippopotami di plastica, automobiline di ferro) c'è sempre una torcia con cui divertirsi a farti paura infilandosela in bocca.

Mio marito sa ballare e fare molto bene l'imitazione di un gorilla, ma non è mai entrato in una banca, non sa cosa sia un conto corrente, mio malgrado ha imparato a usare il bancomat e alla domanda "Per caso hai guardato il saldo?" Risponde: "Sì e no, ehm, cioè, l'ho guardato e siccome mi sembrava plausibile non l'ho letto". Così finisce che mi sento una cretina: che domande idiote faccio a un uomo che vola due metri sopra le questioni terrene, che non sa dove si va in vacanza ma ci viene volentieri, che mette tutto se stesso (soldi compresi) nelle mie mani, che mi offre tutta la sua cultura, la sua gioia di vivere, il suo entusiasmo, le sue qualità morali e il suo amore? Perché sì, essere amata da un adolescente è molto rasserenante. I suoi sentimenti e il suo fervore non hanno né tempi, né orari, né remore. Ti abbraccia all'improvviso mentre stai travasando la farina, attenta a non imbiancare la cucina. Ti bacia sul collo quando hai un piede nel forno, stai mescolando il ragù, non hai ancora fatto la doccia e già sette ospiti suonano alla porta. Ti incita con uno "Stringimi forte" assaltandoti e frantumando contro il tuo sterno la penna che ha nel taschino della camicia (tanto poi tu gliela porti a riparare perché è il regalo di un amico importante). Ti toglie gli occhiali per guardarti meglio negli occhi e la mattina ti mette il caffè sul comodino e scuotendoti ti dice: "Dormi ancora un po' io esco". Ti telefona ogni tanto: "Ciao come va?" e capisci che non ha niente di speciale da dire.

Insomma, a volte, mio marito è un filino snervante, ma io l'ho tenuto molto da conto. Del resto, se me lo hanno invidiato tutte ci sarà un perché.

Adesso è morto, ma non se n'è nemmeno accorto.

Macchine o automobili

A casa mia le automobili si chiamano macchine e sono sempre state un gran divertimento. Come quasi tutte le famiglie italiane siamo partiti con la Topolino seguita dalla 600 e subito dopo dalla 1100. La svolta è arrivata nel 1961. Franco era ormai noto nel mondo della musica leggera come uno che ci sapeva fare. Ladislao Sugar, il padrone della Compagnia generale del Disco, che voleva a tutti i costi ingaggiarlo l'aveva invitato a casa sua per fare due chiacchiere. Sugar era un uomo simpatico, spiritoso e generoso, molto curioso e pronto a perdonare qualunque lestofante purché fosse elegante nelle sue nefandezze. L'incontro che ha cambiato la nostra vita è scritto nero su bianco nel libro di Franco *Grazie Mac*:

"Quali sarebbero le sue richieste?" mi domandò senza altri preamboli. Mi ero preparato e gli dissi dieci milioni, il doppio esatto di quanto guadagnavo alla Ricordi. Annuì e rimase in attesa del resto. "Più una percentuale" dissi. Continuava a guardarmi come chi sta divertendosi a uno spettacolo di cui non conosce il finale. "Va bene" disse. "C'è altro?" Co-

minciai a esitare. Fino a dove potevo spingermi? "Effettivamente" dissi "lascio una posizione consolidata da otto anni di lavoro..." Al signor Sugar piacevano moltissimo tutti i giochi e tutti gli sport. Aveva fatto parte della squadra nazionale ungherese di ginnastica, specialità parallele asimmetriche. La domenica non perdeva una partita del Milan. "Per strappare un campione a una squadra si deve pagare un ingaggio" disse. "Che cifra ha in mente?" Dovevo rispondere. Ci sono dei momenti in cui un vero uomo non può dire: vado a casa e faccio un consulto di famiglia. "Ci pensi con calma" mi disse il signor Sugar. Non ero calmo. Non ero calmo per niente. Cominciai a fare moltiplicazioni e addizioni. Qualche settimana prima con un azzardo premonitore avevo prenotato una Fiat 1400, ma la nuova 1800 mi sarebbe piaciuta di più. Due macchine sarebbe stato meglio, una 500 giardinetta per mia moglie che aveva appena preso la patente. Blu o tortora. "Tre milioni" dissi (sono sessanta di oggi). Sugar fece un sorriso molto simpatico e disse: "Esattamente la cifra che avevo pensato". Infilò una mano nella tasca interna della giacca e tirò fuori il libretto degli assegni. Staccò uno dei foglietti. Con una bella Montblanc ci scrisse tre milioni e me lo porse.

Per la 1800 c'era da aspettare tre mesi. Invece la nuova ammiraglia, la 2300, cambio al volante, tre posti davanti e tre dietro era pronta nel salone del concessionario.

Era verde inglese, si è fuso il motore tre volte. Da allora a casa mia si dice che le macchine verdi portino sfortuna. Ma non è vero. La Giardinetta c'era solo bianca e ci siamo accontentati. Si buttava giù lo schienale dietro e si caricavano sette, otto bambini Vercelloni, Ferrari, Crepax e Crepas per andare su e giù dai Ronchi a Carrara Avenza.

Franco è sempre stato in bilico tra anticonformismo e cafonismo. Succedeva a molti in quegli anni in cui capitava di trovarsi inaspettatamente ma anche inopinatamente con in mano dei soldi di cui ancora non si capiva bene il valore, gli schemi erano liberi e i limiti poco definiti. È così che la Fiat, veloce e borghese, è uscita dalla nostra vita, soppiantata da un Maggiolone cabrio della Volkswagen decisamente più chic. Prima bianco con il tetto nero e poi nero con il tetto bianco. In tre dietro si stava strettissimi in tutti i sensi, con mia sorella che ancora prima del casello dell'autostrada cominciava con la sua litania: "Quantomanca quantomanca quantomanca". E mio fratello che cantava malissimo: "L'uva fogarina a saperla vendemmiar" oppure "Tu Gianni Bandiera". Nicola, già appassionato di storia ma poco incline ai sentimentalismi e alla fantasia aveva sostituito "Tu cambi bandiera" con "Tu Gianni Bandiera" senza riuscire a spiegarsi da dove fosse uscito il terzo fratello Gianni quando era noto a tutti che i Bandiera, eroi del Risorgimento, fossero solo due: Attilio e Emilio.

A quel punto l'animo controverso di Franco rispetto ai mezzi di trasporto si è fatto incastrare dalla genialità dei Pooh che gli hanno sbolognato una macchina di lusso. Per tre giorni l'abbiamo trovato disteso sull'asfalto con la testa sotto una splendida Jaguar rosso fiammante a caccia di una perdita nel serbatoio della benzina. Appurato che non c'era nessuna falla, richiamato all'ordine il gruppo musicale si è ripreso l'autopacco.

Da lì in poi l'apocalisse. Per stare più comodi dal Maggiolone siamo passati alla Pescaccia, sempre Volkswagen, una brutta copia di certe jeep naziste, ma arancione. Un carcassone di ferro con i finestrini di plastica a baionetta con cui sono stata costretta a tentare inutilmente l'esame per la patente. Già gli istruttori delle scuole guida non brillano per elasticità mentale, il mio era ancora più sfigato dei suoi simili, dopo aver picchiato a lungo sulla carrozzeria che rimbombava come un bidone di ferro vuoto ha cominciato a urlare: "Si fermi! Voglio scendere!" Il lato buono della Pescaccia era che non si poteva chiudere in nessun modo, così di notte diventava il caldo ricovero per i clochard della zona. Peccato per l'intenso odore di vino che lasciavano la mattina quando Franco, in pigiama, ci accompagnava a scuola. Studenti aromatizzati.

Non pago dell'incauto acquisto, quando finalmente ho preso la patente grazie al mio naturale fascino e alla mia accondiscendenza (ho bevuto ben due Campari Soda con il maestro di guida promettendogli chissà cosa), la proverbiale generosità di mio padre mi ha messo al volante di una Moskovitz. La CGD Messaggerie Musicali aveva finalmente deciso di premiare il genio di Franco con un'auto aziendale. È stato così che da Koelliker mio padre si è portato a casa una Jaguar verde inglese sfidando la sfiga e, impietosito dal concessionario che aveva un carico di auto russe invendute, mi ha mollato una macchina per il freddo. In piena estate le guarnizioni di gomma si scioglievano appiccicandosi e sigillandosi, quando con sforzi immensi riuscivi a aprire la portiera restavi imbrigliato in filamenti neri che si attaccavano a tutto. La Moskovitz aveva una sua anima ribelle e rivoluzionaria per cui nelle strade strette a senso unico si bloccava, spesso davanti a un autobus, e non ripartiva se non davi una succhiatina al tubicino della pompa della benzina. Però era bella, tutta d'oro con il tetto nero.

La Triumph Herald è rimasta con noi giusto il tempo di un'estate. Un'estate in cui ho girato Umbria e Toscana con un fidanzato che mi piaceva molto, una storia tipo film francese, romantica e un po' noiosa ma con il vento nei capelli e i cuori appassionati ma infranti. Soprattutto il mio quando ho capito che lui aveva una moglie e anche un'altra fidanzata. Viveva con le tasche piene di gettoni e si fermava a ogni cabina telefonica. Adesso è morto.

Io credo che gli amori ben riusciti abbiano come base solida le quattro ruote della macchina. Il mio eterno e in realtà unico fidanzato Gigi, quello che ha sempre affiancato tutti gli altri tenendosi educatamente in disparte in attesa del suo turno, ha avuto con le automobili lo stesso rapporto Crepax. Per molti anni, dopo aver abbandonato una Mini sui Bastioni di Porta Venezia per non sfrattare un clochard che aveva trovato conforto e calore tra i quintali di quotidiani lanciati sul sedile posteriore, ha ottenuto una Tipo, benefit dalla Rizzoli. Sul sedile del passeggero, detto anche posto della suocera, gli è colata fuori dall'apposito contenitore una pizza con doppia mozzarella che, da vero giornalista, ha ricoperto con diverse copie del *Corriere della Sera* costringendo così l'azienda, molti anni dopo, a regalargli l'autopizza in stile Richard Scarry. Tanto non avrebbero mai più potuto disincrostarla.

Poi si è dedicato con pervicacia al mondo delle cabrio, ma il suo stile è sempre rimasto quello del *motard*: arrivare al semaforo a tutta birra e inchiodare dopo aver tentato di insinuarsi stile supposta tra un tir e un'autocisterna.

Le barche e altre emozioni: parla Nicola Crepax (mio fratello)

Titolo: nicolacrepax (tutto minuscolo, attaccato e con la x) descrive le barche, la famiglia e altro ancora.

"Nicola cosa vuoi per il tuo decimo compleanno?"

"Una barca a vela papà".

"Una barchetta da far andare nella vasca dei giardini pubblici?"

"No vorrei proprio una barca vera".

Nella mia famiglia i desideri dei bambini non erano desideri, erano ordini perentori. La barca a vela è stata comprata immediatamente e mi ha cambiato la vita.

Non ero bravo, soprattutto all'inizio, quindi passavo le ore, le giornate, i mesi seduto in barca a pochi metri dalla riva, immobile.

"Dov'è Nicola?"

"In barca".

Questo ha modificato il mio rapporto con il mondo e in particolare con gli altri parenti. Da componente effettivo della famiglia sono scivolato rapidamente nella condizione di componente esterno con funzioni di affezionato osservatore, che stava in barca. Non sarei più tornato al punto di partenza.

Un Crepax può avere paura di tutto ma non del mare, mi ha insegnato la mia mamma, non quella delle mie sorelle. Con la barca successiva, un 470 fiammante, affrontavo insieme al Carletto delle mareggiate pazzesche. Un giorno con orgoglio abbiamo rifiutato l'aiuto dell'elicottero della Guardia Costiera che voleva a tutti costi ripescarci dalla libecciata, e la mia mamma, che a Milano non mi lasciava attraversare da solo, stava ritta sulla spiaggia orgogliosa mentre il figlio vivo per miracolo scompariva e ricompariva tra i flutti.

Poi è arrivato il gommone Pirelli, e dopo ancora abbiamo comprato il gozzo. Piaceva a tutti tranne che a Franco. Il fatto è che Franco voleva sempre correre come un matto per arrivare primo non si sa dove. Insomma il gozzo andava troppo piano ed è stato sostituito rapidamente con un motoscafo pazzesco che consumava 300 litri di miscela al 3% ogni ora. Però arrivava in Corsica in due ore e mezza. O meglio sarebbe dovuto arrivare perché Michele Lupi quella volta si era portato uno stereo enorme e lo aveva incastrato proprio dietro la bussola. Il risultato è stato che ci siamo persi nel Tirreno. Solo all'arrivo di un branco di squali abbiamo cambiato rotta e in serata senza più un litro di benzina siamo approdati alla Capraia.

Del Proa 42, la barca più brutta mai concepita in Italia e nel mondo, preferisco non dire se non che era una piroga polinesiana di plastica lucida giallo uovo che si intonava alla perfezione con l'automobile Pescaccia di colore arancione acceso.

Il fatto è che ai Crepax è sempre piaciuto dare un po' di spettacolo. Non è solo esibizionismo ma, ne sono convinto, anche una qualche forma di ingenua generosità. Insomma, come acrobati rischiamo la vita per l'altrui divertimento.

L'Alpa II bisognava attraccarla un po' distante dal molo. Franco e la Luciana protestavano. Così, appunto per lo spettacolo, dico: "Lasciate fare a me che sono un grande marinaio," faccio per salire, metto un piede sulla cima che si annoda alla mia caviglia e in un lampo mi trovo a testa in giù sott'acqua con il piede legato alla barca. C'era da morire annegato. Cercavo di tirar fuori la testa e vedevo i miei genitori sul molo che si sentivano male dal ridere per quel fatto del grande marinaio. Veniva da ridere anche a me e bevevo acqua. Insomma un marinaio vero di passaggio si rende conto e mi salva la vita quando ero ormai cianotico e esanime di fronte alle risate irrefrenabili. Questo per dire che i Crepax hanno sempre e comunque riso molto. Ma con stile.

I Crepax sono ingenui e generosi ma sono anche molto sicuri di sé. Si sa. "Franco! Si è rotta la lampada, chiama l'elettricista". "Cosa credi, che l'elettricista sia più intelligente di me?" "Non lo so, ma prima stacca la corrente".

Fatto sta che Franco e la Luciana quando hanno compiuto settant'anni si sono comprati un gommone con la capote lungo cinque metri per andare in Corsica partendo da Bocca di Magra. Loro due soli. Avevano una probabilità di farcela su centomila. Per aumentare le chance gli ho suggerito di portarsi una carta nautica della zona. "Non importa, tanto all'autogrill mi hanno regalato una cartina d'Italia dell'Agip". "Ma papà non è una carta nautica". "Cosa credi che abbiano messo la Corsica all'incontrario per farmi dispetto?" Non so come e perché ma sono sopravvissuti e anche bene.

Mia mamma, non quella delle mie sorelle, diceva che la maledizione delle mogli dei Crepax risiede nel fatto che i loro mariti hanno bisogno di una costante vicinanza fisica (nonostante alle volte sia consentito allontanarsi anche di mezzo metro). In realtà c'è da dire che le mogli dei Crepax sono di solito pronte ad adattarsi al ruolo in quanto inspiegabilmente fiduciose in ciò che i Crepax fanno. Anche quando si corrono dei rischi. Difficile capire. Certo che i Crepax si sentono persi senza la moglie appiccicata, ma pure in questi terribili momenti restano convinti della propria capacità di affascinare le signore con cultura, grazia ed eleganza. A me, però, a questo punto torna la voglia di salire sulla nuova barchetta (uno splendido Mousquetaire del 1969 attraccato a Duino) e riprendere il mio posto di affezionato osservatore esterno.

I Crepax di Michele Lupi
(Mikelino)

Stampato sul *Corriere della Sera*, con un inchiostro nero e denso, il necrologio finiva così: "Leone e Natalia ricorderanno sempre le migliori vacanze, le vacanze con Franco".

"Non solo con Franco," ho sorriso io, nonostante il momento.

A dirla tutta, le migliori vacanze sono state davvero le vacanze coi Crepax. Con tutti i Crepax.

Le abbiamo passate insieme, ai Ronchi, come un'unica freccia che ha trafitto gli anni Settanta. Eravamo a Poveromo, a sei chilometri a nord di Forte dei Marmi. Ma – a casa loro – sembrava di stare a Hollywood: c'erano le ville (sempre diverse le prendevano in affitto come i veri snob), la Jaguar parcheggiata, le moto giapponesi e italiane dei fidanzati di Margherita e Valentina. E c'era Amina, la cameriera marocchina, si buttava per terra ogni volta che aveva voglia di dormire, ovunque si trovasse. C'era la Triumph Herald di Nicola, e c'era anche la VW Pescaccia arancione. C'erano le ninfee nella vasca, in giardino, e un sole forte, sempre accecante. E poi c'erano loro, i Crepax: un gruppo che manco i Tenenbaum, soprattutto per i colori. Sgargianti. Stile a pacchi, sempre e ovunque: che ci si trovasse in spiaggia da Franco Scoppetta, oppure in fila per afferrare uno di quei sacchetti di carta oleata croccante con le focacce di Valè, i Crepax erano sempre i più fighi di tutti. Stile, stile, stile dicevamo: forse un po' snob, certo. "Uno che porta i gemelli in casa mia non entra," diceva Franco, per poi presentarsi a Sanremo in smoking e gemelli di diamante. Al mare, Franco aveva i jeans bianchi tagliati al ginocchio, sfrangiati sandali di cuoio e T-shirt bianche, azzurre, rosa, blu o gialle ma solo Fruit of The Loom. Le compravamo al mercato americano di Livorno, dove andavamo con la Jaguar, per prendere anche lattine di 7Up e pure le Pears, saponette trasparenti che sapevano di pulito e che sembravano una delle ruote degli skateboard anni Settanta.

Ah compravamo anche il Colgate, ma quello vero.

Stile. Non a caso Valentina vendeva i suoi golf da Fiorucci – colori, colori e ancora colori! – e aveva un fidanzato – uno dei suoi, tanti – ai miei occhi superfico: si chiamava Massimo e correva al tramonto sulla spiaggia. Non a piedi però: correva con un fuoristrada verde militare di origine russa, tutto aperto e sempre carico di bambini. Aveva anche un adesivo con un missile, sulla copertina della sua agenda, che recitava *Fatti i razzi tuoi*. La Margherita come fidanzato aveva Cico, fico a modo suo con le camicie a quadri. Prima d'infilare la cassetta nel mangianastri, quando ci portava in giro con il Maggiolino cabriolet di Franco (era nero, con la capote color panna) diceva sempre:

"Perché l'inglese l'ho imparato ascoltando le canzoni dei Beatles".

La Margherita era un po' una mia zia, sorella, fidanzata ma ero troppo piccolo, mentre Nicola era il mio migliore amico, con la Gabriella. Tutti e tre insieme c'infilammo in quel tunnel pseudo-creativo del punk, ci piaceva tanto (Nicola è rimasto il mio migliore amico anche dopo che ho rischiato di renderci naufraghi entrambi tentando una traversata in mare fino alla Capraia. Ci è andata bene).

La Valentina, invece, era la Marianne Faithfull della band. Era proprio scatenata: faceva sempre quel che voleva, aveva pure un casco da moto Boeri rosso con una pantera nera dagli occhi di fuoco dipinta da suo zio, Guido Crepax. Ero stregato da quel casco. La Vale ha poi avuto una bimba, l'Alice: finalmente qualcuno più piccolo di me, è per questo che oggi la considero un po' una sorella minore.

"Ingozza! Michelino, ingozza!" Uff... Era sempre così e era un po' una palla. Quando ero ospite da loro, le cene iniziavano sempre allo stesso modo: Franco faceva l'imitazione di mia madre memore di un'estate in Calabria, quando ero costretto a mangiare bistecche all'ora di pranzo, in agosto, mentre tutti gli altri facevano il bagno in mare.

Però io a Franchino gli ho voluto davvero bene. Era un acceleratore di vite altrui: era grande ma anche coetaneo, era nonno ma anche il più bambino, nel senso migliore del termine. Quindi era un maschio alfa, ma anche omega. Secondo me era un po' un furbetto, soprattutto con le signore, però mi piaceva per quello, era spavaldo. Era tutta energia e vita: esagerato, ma simpatico. Se poteva provocare, provocava. A casa c'era gente interessante che andava e veniva. Se squillava il telefono, a volte rispondevo io: "Pronto? Sono Pupo. C'è Franco?" Cercavo Franco in giardino. "Oh, c'è Pupo". E lui: "Pupo? Digli che sono a sciare". Eravamo pur sempre ai Ronchi, a Ferragosto. Come dicevo, girava gente interessante, anche in spiaggia. Per capirci: Guido Crepax, Italo Calvino, Vittorio Mezzogiorno, i Savinio, Robert Carroll, Marco Tullio Giordana, Massimo Vitali, Gianfranco Ferroni, le sorelle Mastrocinque, Giorgio De Chirico. Insomma mica male.

Si rideva sempre. Anche delle involontarie battute della nonna, la Macola, sempre elegante con i suoi capelli d'argento: "Scusate, *La Settimana Enigmistica* chiede cosa sia il fallo del tennista. Ma non è troppo?"

La risata che mi piaceva più di tutte, però, era quella della Luciana, la più raffinata del gruppo: sottile, tagliente, scaltra, affettuosa, napoletana. Una volta che a Milano faceva freddo, mi ha portato al cinema. Io e lei. Una storia strana, penso di Dickens, la rappresentazione di un Natale tutto triste. Una paura. Anzi forse no. Ma malinconia sì, era tutto cupo. Era forse la più intelligente di tutti. L'anno scorso ho scoperto una traccia che spero resti per sempre: nella storica casa di Milano, nel palazzo Berri Meregalli in via Cappuccini al numero 8 (quella che Franco aveva preso in affitto da Felicino Riva, e che nell'androne vanta ancora oggi una statua di Adolfo Wildt), basta salire i tre gradini a destra per trovarsi di fronte all'ascensore: lì c'è una cassetta della posta piuttosto bella, di legno scuro, con ancora incisi i nomi delle famiglie. Sulla sinistra, in un bel carattere degno di Charles Rennie Mackintosh, c'è scolpito il nome Crepax, quello di una delle famiglie più affettuose e intellettualmente stimolanti di Milano.

Vacanze

La mezza montagna fa bene ai bambini. Dopo qualche anno di infinite rotture di palle su e giù per collinette senza senso di marcia, il mare finalmente ha avuto la meglio.

Qual era il mare per una famiglia borghese, milanese non omologata? La Liguria no, né Levante né Ponente. Roba per gente con il cascmirino azzurro buttato sulle spalle, spiagge sassose, spazi angusti, salite e discese antibici. L'Adriatico no, troppa animazione, chiasso, piadine, file di ombrelloni. La Toscana. Finalmente siamo approdati ai Ronchi, a cinque chilometri dal lusso sfrontato di Forte dei Marmi e a cinque chilometri dal popolino di Marina di Massa. In mezzo al bene e al male. Una scelta di classe. Nella pineta selvaggia salvaguardata da mille divieti. Niente bar, niente cinema, niente supermercati, niente asfalto, niente di niente tranne le meravigliose case che ancora reggono alle malefatte di eredi distratti o spiccano per educate ristrutturazioni. La casa dei Savinio, con il magnifico muro curvo, quella dei Passigli per allora modernissima, quella dei Sacchi cresciuta nel folto che ha fatto da scudo agli occhi az-

Dopo qualche anno di infinite rotture di palle su e giù per collinette senza senso di marcia, il mare finalmente ha avuto la meglio.

zurri di Vittorio Mezzogiorno, le due case ottagonali progettate da Alberto Mazzoni con la grande lavagna su cui incidere le firme degli ospiti, la pineta dei Carandini con le case ospitali, quella dei Mastrocinque/Grazioli/Carrol con la panchina per limonare dietro la siepe. E la casa di mia nonna Maria Macola Crepax. Un progetto lungimirante disegnato da Aldo Rossi, che aveva scopiazzato da Frank Lloyd Wright, realizzato da Leonardo Ferrari e firmato da Guido, ai tempi l'unico laureato, che grazie alla sua proverbiale distrazione è stata costruita a rovescio. Il lato nord a sud il lato est a ovest. Ma non solo, piazzare nella pineta, fitta, sabbiosa e umida, una casa che probabilmente Wright aveva pensato per le coste della Florida o della California non è stata una furbata. Nessuna grondaia che incanalasse l'acqua, balconi di cemento che d'inverno diventavano piscine e nove finestre strette e lunghe, ciascuna con sei persiane di legno a incastro che dopo il primo temporale non si sono incastrate mai più. Venderla trent'anni dopo, così a rovescio com'era, non è stato facile. Nel frattempo i parenti Crepas ci stavano stretti e felici.

Allora si stava in vacanza tre mesi e le partenze e gli arrivi erano drammatici. Le bici si mandavano per ferrovia a volte con un baule pieno di lenzuola. La nonna e quella deficiente della Lina spedite in treno come le bici e noi con il televisore sulle ginocchia, la macchina da cucire sotto il sedere e le pinne in bocca a vomitare sul passo della Cisa. Nessuno sa come ho benedetto l'autostrada Parma-La Spezia. Quei cento chi-

È la casa di mia nonna Maria Macola Crepax. Un progetto lungimirante disegnato da Aldo Rossi, che aveva scopiazzato da Frank Lloyd Wright, realizzato da Leonardo Ferrari e firmato da Guido, ai tempi l'unico laureato, che grazie alla sua proverbiale distrazione è stata costruita a rovescio.

lometri che ci hanno salvato la vita anche quando, da perfetti idioti con Franco, mio fratello e Michele Lupi ci si cronometrava per vedere chi ci metteva meno tempo. Ciascuno imbrogliava come voleva ma era divertente. Ancora adesso io, all'andata che ci sono meno curve, ci metto quarantacinque minuti. Franco, all'uscita di Sarzana finiva sempre su un'aiuola spartitraffico stremato dallo stress della gara, toglieva le mani dal volante e diceva: "Be', cosa c'è? Ci sono salito apposta, è il traguardo".

Vacanze intelligenti

Dai Ronchi, sabbia polverosa e appiccicosa e acqua melmosa, ogni estate si partiva per un paio di settimane al mare vero. Posti trendy. A Panarea con l'amico Leonardo in fuga da una moglie rompiballe, smascherato da una foto in prima pagina su *Il Giorno* "Le vacanze dei Vip" che ci ritraeva scalzi e scanzonati stile made in Miami beach nella piazzetta del paese.

A Positano giù per la stradina che dalla pasticceria *Le zagare* arriva al mare con Franco che seminava svolazzanti bigliettoni da diecimila fuoriusciti da una certa valigetta che ha portato in giro per anni come fosse un borsello ma non lo era.

A Praiano con l'amico Andrea Jacchia, l'unico che praticasse e pratica snobismo estremo inconsapevolmente e l'unico in grado di stendersi al sole esattamente sotto il cartello *caduta massi*.

In Calabria dove abbiamo imparato che se appartieni alla casta dei *Oui je suis terun* (adesivo che campeggiava sulla finestra della camera da letto della Luciana) e vuoi essere chic a tutti i costi devi chiamare il tuffo *toffo*, inteso come un placido ingresso in acqua a piccoli passi accompagnato da risolini e brividi inutili.

Le Tre Cime di Lavaredo, niente mare ma argomento matematico di grande interesse che divide la famiglia in due squadre: quelli che ne contano cinque e si ritengono imbrogliati dalla geografia e quelli che si fidano ciecamente di guide e manuali e si ostinano a vederne solo tre.

Vacanze col senno di poi
(oltre i Ronchi)

Quando gli adulti erano più giovani e i ragazzi bambini sembrava normale andare in vacanza tutti insieme. Poi è diventato, più che un'abitudine, un vizio. Loggos, Lakka, Otranto, Simi, San Foca, Marzamemi, Scopello, i canali della Francia, l'isola d'Elba, Spongano, la Corsica. Si comincia a cercare una casa che ci contenga tutti, per la vacanza successiva, due ore dopo aver disfatto le valigie di quella precedente. Ogni anno, appena toccato il suolo cittadino tutti dimenticano i momenti bui di quei luminosi giorni di sole e nemmeno si tenta di farne tesoro per il futuro. Così sono anni e anni che ripetiamo gli stessi errori!

A casa mia, tra parenti stretti, siamo circa una dozzina, esclusi i cani che nel corso del tempo da due sono diventati uno, poi zero, poi ancora uno e di nuovo due. Alcuni bambini sono arrivati all'improvviso a rinfoltire e a rallegrare il gruppo, che ha perso solo pochi adepti. Mio fratello non viene con noi perché è più chic e un po' più snob. In compenso ogni membro della famiglia ha i suoi aggregati. Tranne mia madre che non vuole disturbare e dice: "Mio malgrado porto vostro padre". Ma quello è sempre previsto. Invece, gli imprevisti, e soprattutto gli imprevedibili fino a poche ore prima della partenza sono gli aggregati. Ai quali si aggiungono gli optional, che non sono affatto optional perché a quelli nessuno rinuncia.

Gli aggregati sono compagni di scuola, fidanzati, aspiranti amanti, coppie senza figli, single con figli, famiglie intere, bambini che nessuno sa dove piazzare, neoseparate rattristate; possono essere stanziali o saltuari, quindi spesso bisogna organizzare il turn over.

A Simi eravamo in ventitré, a Scopello in diciotto, ventisei a Loggos e solo sedici a Lakka. A Spongano in otto ci siamo sentiti soli. Gli optional sono da suddividere in due categorie: i criticabili e gli intoccabili. Sono intoccabili i sette beauty case a testa per ogni adolescente femmina... e qui conta un sacco la fortuna, a Loggos avevamo collezionato un totale di trentacinque beauty case, cresciute le adolescenti e non ancora uscite dall'infanzia le bambine, l'anno dopo siamo scesi a ventuno beauty case, ma resta sempre un numero variabile, come quello dei palloni e dei boccagli che, per uno strano scherzo del destino, superano di gran lunga quello delle maschere e raddoppiano quello delle pinne, sempre dispari.

Altri intoccabili sono i dizionari, ma si sa, mia madre e mia sorella traducono, forse traducono anche quando guardano il mare, immobilizzate e ammutolite dal fascino dei faraglioni di Scopello. Sempre nella serie dei "non ne posso fare a meno" entrano i riduttori per l'asse del cesso e certi frullatori specifici per bambini che toccate le mete solatie mostrano di gradire gommosissime seppie ai ferri e fanno a gara per fare pipì ovunque tranne che in bagno. Sempre da annoverare tra gli indispensabili ci sono i medicinali che vanno dall'aspirina all'antidoto contro il morso dell'orso volante, il caffè solubile (ormai reperibile ovunque) e varie borse refrigeranti per picnic con annessi contenitori ermetici, quasi tutti senza tappo.

Ormai abituata alla magnanimità non considero optional computer, iPod, ricarica batterie di ogni tipo, pennelli, pennarelli, qualche padellino antiaderente e, ovviamente, il bagaglio personale che d'estate sarebbe logico immaginare ridotto all'osso, ma non è così.

Alla categoria degli optional criticabili, nel corso della mia vivace carriera di tour operator famigliare, posso garantire d'aver diviso le vacanze con: un sassofono con custodia rigida, svariate chitarre, taniche vuote previste per il trasferimento in patria di eventuali pesci gatto neonati, canottino gonfiabile monoposto rubato due ore dopo il varo, quattro passeggini per un solo bambino, l'opera omnia in valigia singola di Simenon (non solo i Maigret), una macchina per scrivere Lettera 22 non funzionante, forconi, reticelle da farfalle, animali di peluche di varie fogge e dimensioni, un motore di riserva per fuoribordo da sfruttare con eventuale barchino noleggiato sul posto e perfino una macchina per cucire.

Io, come ho detto, sono il tour operator ufficiale: organizzo dalla A alla Z, raccolgo le prenotazioni, le cancello, le riraccolgo (tutti quelli sopra i quindici anni cambiano opinione almeno tre volte), affitto automobili, se serve, oppure guido (un'automobile e la carovana): Milano-Brindisi in un soffio, Taranto-Napoli, con sosta a Pietrapertosa (Lucania) in visita ai parenti dell'amico che non era potuto partire. Ma non solo. Io sono responsabile della casa che ci accoglie, appena varcata la soglia si parte con le domande: io dove dormo e con chi? Dov'è il bagno? Non avrai mica destinato a me la camera a nord? (Io non so dov'è il nord). Ma qui sarà sempre così rumoroso? Aiuto, corri, ci sono le zanzare! Ma non doveva essere in riva al mare? C'è la doccia esterna?

Anni fa ho dovuto affrontare il trauma-topo: io più altri quattro adulti, dodici quasi adulti (dai diciannove ai ventidue) di sessi diversi, due bambine e un cane, totale venti. I topi, belli grandi e ben pasciuti erano sei, poi sette, dopo tre giorni nove. La famiglia di roditori abitava in uno sgabuzzino dove tutti avevano ammassato le loro valigie vuote; per fortuna non i beauty case, quelli hanno sempre un posto di riguardo. Il giorno di Ferragosto nemmeno per una tuttofare come me è facile trovare un accalappiatopi, quindi si è scatenata la caccia al topo con documentazione fotografica e diario di bordo, finché quattro giorni dopo dalla vicina Brindisi si è palesato l'uomo dei miei sogni e la nostra bella casa in affitto non è più stata un campo di battaglia.

Un bel giorno, con ancora davanti agli occhi la pentola in cui cuocevano due chili di anellini siciliani, le teglie di parmigiana, le montagne di bomboloni alla crema, i sei litri di latte al giorno e nella memoria i morsi delle raganelle, il meltemi che ti copre di sabbia e sale, le spine dei ricci, le maschere perse e i boccagli ritrovati, i chili di protezione solare per ogni tipo di pelle ho detto basta: quest'anno vado in vacanza da sola. Per lo meno non avrei più dimenticato al bar una scatola con dentro ventiquattro uova sode sgusciate. Cosa che a mia sorella non sarebbe mai potuta succedere perché lei le uova sode le teneva in tasca. Sgusciate.

Io e mio marito abbiamo passeggiato tristi e sconsolati come due pensionati nel clima mite della Costa Azzurra, avevamo affittato un appartamentino, cucinotto e terrazza neanche vista mare, del resto in due. Sì abbiamo fatto qualche bel bagno senza maschera né boccaglio, cenette a lume di candela, gitarelle, la lavanda, la tapenade, il Pastis e un beauty case a testa. Di che cosa abbiamo parlato? Mah, del passato, dei nostri ricordi più belli, delle vacanze in diciotto, venti, venticinque, con tutta la famiglia, gli amici, gli amici degli amici e alla fine ci siamo perfino detti: evviva i topi!

Holiday Conversation

Mamma mi presti la macchina? Perché non avete la vostra? Sì ma non ci stiamo tutti con tutta la roba. E io come vengo? In treno poi ti viene a prendere la Luisa. La Luisa è in Grecia! In Greciaaaa?! A fare cosa? In vacanza, tutti vanno in vacanza, tutti si riposano, si distraggono e si divertono. Allora vengo lì, ti carico la macchina con la mia roba e tu me la porti in campagna. Anzi no, vieni tu, ti carico la macchina e poi... (un bel vaffanculo andrebbe detto).

Ma che bagaglio hai? In quanti siete? Noi due, i bambini, i seggiolini, i canarini, i cani, la gabbia dei canarini da viaggio più la gabbia dei canarini da vacanza, il sacco del cibo dei cani e il sacchetto del cibo dei canarini, i guinzagli e le ciotole, le bici dei bambini, i caschi per le bici, un monopattino che faranno un po' per uno e le ginocchiere, gli zaini per i compiti delle vacanze, i libri da leggere e le creme da sole, le pentole che uso io (?), le borse frigo con i ghiacci e le cose da cucina tipo: risobio, salsadisoiabio, lattedirisobio, farinabio, granagliebio, legumibio, il computer, i dvd, il phon, l'aerosol, la scopa elettrica e poi ci sono i bagagli.

A me piacciono i grandi carichi, mi danno un'idea di leggerezza, di pensieri liberi, di scherzi, di chiasso e di allegria. Mi piace viaggiare con l'automobile che pesa, con i finestrini aperti e la musica a palla e l'aria che fa sbattere la plastica dei sacchetti chiusi male. Mi piace tener d'occhio nello specchietto retrovisore le bici che sbatacchiamo di qua e di là nel bagagliaio, era meglio legarle. Mi piace guidare e ogni anno pensare che l'anno prossimo basta. Mi piace essere una nonna container.

Le case

La casa di Franco e Guido è bruciata due volte durante la guerra. Peccato, si sono perse un sacco di robe ma non il quaderno dove mia nonna con minuziosa precisione segnava qualsiasi cosa, dai due etti di caramelle mentafernet che comperava (quasi tutti i giorni) ai lavori manuali che produceva. Paralumi pieghettati di carta di Varese (fiduciosa che non ci sarebbero più stati bombardamenti), riproduzioni patchwork con avanzi di stoffa di quadri di Klimt, un Arlecchino pensoso e una bambola Arlecchino di Picasso e così via fino al grande cuscino con una Valentina tutta nuda: non io. La sezione *Riparazioni* è la migliore e alla fine degli anni Settanta, si legge: *Tolta zampa elefante a quattro pantaloni di Franco.*

A casa mia le case sono sempre state importanti e anche quelle più povere sono state belle. Tutti abbiamo sempre diviso Milano in due: di qua da San Babila e di là da San Babila. Noi di qua e i Crepas di là. Noi sempre a cambiare a seconda dei soldi che avevamo, loro fissi inchiodati in via De Amicis, a un certo punto anche con la nonna al piano di sotto.

La nostra casa migliore, prima della penultima e dopo quella dove si è staccata la ringhiera del balcone crollando a terra dal sesto piano, tanto che abbiamo dovuto accendere una candela alla Madonna perché eravamo ancora tutti vivi, è stata quella in via Cappuccini. La casa con la *Vittoria Alata* di Wildt, quella dove le colf si lanciavano sputi in corridoio, dove l'amaca che dondolava in salotto è stata sostituita da un tavolo da biliardo (comprato da un mio fidanzato di allora per 50.000 lire), dove è nata mia figlia e dove, sotto le piastrelle bianche che foderavano le pareti del salotto come fosse una fermata del metrò parigino, ci deve essere ancora la scritta *Ti amo, Stefano* o *Stefano ti amo?*, non mi ricordo più. Eravamo in affitto da Felice Riva.

Poi il sogno della famiglia italiana si è realizzato nei magazzini delle buste dei dischi della CGD Messaggerie Musicali dismessi. Una grande villa liberty dove Boverocrepax e Quellacritina ci hanno tenuto bene come cavalli (cit. Amina) per ventotto anni. Lì abbiamo accolto fidanzati, amanti, mariti, figli, cani in un'allegra confusione di spazi e di ruoli. A volte esagerata. In quegli anni mi è capitato, nel cuore della notte, di incontrare in corridoio un liceale con ai piedi robuste Dr. Martens e addosso la mia camicia da notte. In quegli anni la sregolatezza è stata la regola. Mio fratello ha smontato una Vespa e l'ha messa nei cassetti della scrivania. Franchestìn ha scritto i suoi libri più belli. Mia sorella si è sposata. E anch'io a dire il vero. La Luciana sommersa dai dizionari non permetteva a nessuno di avvicinarsi al suo Mac. Sono nati cinque bambini e ogni occasione era buona per fare una festa, tanto che una sera si sono presentati due signori in smoking: "Abitiamo di fronte e siamo soli, abbiamo visto dalla finestra che qui ci si diverte," benvenuti!

Anche Gigi si è presentato alla porta con il suo piccolo camion dei traslochi che conteneva un sassofono e una batteria, io l'ho accolto con amore e con il panico che la bolgia dentro le nostre quattro mura l'avrebbe fatto fuggire dall'oggi al domani. Ma no, si è trovato bene (a lui piacevano anche i cani).

Non abbiamo mai avuto case in campagna al mare o in montagna come quasi tutti quelli che frequentavamo. A parte la casa al mare di mia nonna che era di mia nonna. E la casa in campagna di Gigi che era di Gigi. Solo i Crepas a un certo punto hanno comprato una casa sulla Collesalvetti, nel punto più brullo, in un paese che si chiama Serrettone e che noi Crepax abbiamo sempre chiamato Sederone, ma loro non lo sanno.

Romanticismi

La zia di mia madre e la sua fidanzata

La nostra, sia Crepax che Crepas, è una famiglia con due genitori: un maschio e una femmina. Per la maggior parte del tempo ho visto, incontrato e frequentato famiglie composte più o meno come la mia. Dico più o meno perché, anche se erano altri tempi, è successo che qualche genitore di miei compagni di scuola lasciasse la famiglia per amore di un suo consessuale. A casa mia non ci si faceva caso perché avevamo una buffa zia della Luciana, piccolina e leggera soprannominata Fluffy (lanuginosa), sempre con le unghie laccate di rosso, che dopo due matrimoni si era fidanzata con una signorina piemontese, non molto femminile ma coltissima, spiritosa, gentile e antifascista che la chiamava Fla. Vivevano in una bella casa dove curavano un roseto meraviglioso. Da loro si mangiavano cosette squisite servite con garbo, si beveva il tè in soggiorno sui divani a fiori e a noi bambini, prima di andare in visita, venivano fatte un mucchio di raccomandazioni perché le zie non tolleravano la maleducazione, il chiasso, le sedie che dondolavano a tavola e le parolacce. Insieme, Fluffy e Nietta, hanno fondato una biblioteca in un piccolo paese vicino a Torino. Hanno vissuto amandosi pazzamente per quarant'anni e aiutando i ragazzi a cavarsela con i libri e la scuola. Quando Fla è morta la Nietta ha chiamato la manicure per seppellirla con il suo smalto perfetto in un loculo che poteva guardare dalla finestra, stando nel letto dove è morta anni dopo leggendo. Al funerale di Fluffy ero incinta dell'Alice e mi ricordo che ho pensato: peccato che le zie non abbiano avuto figli. Da loro io ho ereditato un televisore quasi nuovo e mia sorella un anello con un rubino.

Lo zio di mia madre

Tra i parenti napoletani della Luciana c'era lo zio Vittorio Parisi, cantante proprio come Murolo che risuona tutt'ora da YouTube con *Matenata a Surriento*, *Mandulinata* e *'A Sirena*. Lui stava con le sue sorelle nell'appartamento al Vomero con vista golfo, al terzo piano e era l'amante della moglie dell'ingegner Parrilli che abitava al pian terreno, al di là del cortile. Quando la signora Parrilli compariva sulla porta Vittorio dall'alto le gridava "Volo nelle vostre braccia" mentre il marito fingeva di essere occupato altrove consapevole del tradimento. Tanto consapevole che quando la moglie è morta è salito a casa Parisi con una scatola di fotografie della defunta e, seduto sul divano accanto all'amante disperato ha cominciato una cernita mormorando: "Questa m'appigghio io, questa t'appigghi tu". Quando la Luciana si è avvicinata al letto di morte del povero Vittorio chiedendogli come stava lui le ha risposto: "Come vuoi che stia, vulizzi fa' ammore e nun lo pozzo fa". Poi è morto con quel desiderio in sospeso.

Baci

A casa Crepax tra adulti non ci si bacia né ci si abbraccia. Al massimo, se proprio si deve manifestare il proprio affetto ci si dà una pacchetta sulla spalla. A casa Crepas è diverso.

Il cappotto

Il capotto che mi hai dato tu, sai mio caro, possiede una virtù... tataratatà. Blu Cina, con il collo e polsi di velluto nero e quella strana allacciatura con i nastri. Quando mi hai restituito la valigia speravo che dentro ci fossero le 300.000 lire che mi avevi chiesto in prestito e che non mi hai mai restituito. Invece no. C'era il cappotto blu che avevamo visto insieme, quando credevamo di amarci, in quella vetrina e che io avrei preferito rosso. Grazie lo stesso. No cambiarlo no, è un regalo. Un regalo d'addio.

Sono sempre stata troppo tettona per quel modello a vita alta. Ma l'ho messo nelle grandi occasioni. E l'ho guardato tanto. Ho cercato di farlo parlare. Spiegami cappotto a vita alta perché ti ho desiderato tanto? Spiegami perché quando ti ho finalmente avuto tra le mani ho provato un brivido di piacere velato, però, da una inspiegabile delusione? Dimmi tu, cappotto blu, perché se mi specchio con te addosso mi sento inadeguata e se ti guardo buttato sul divano ho voglia di abbracciarti? Si può amare disperatamente un oggetto con cui non si riesce a creare un rapporto di fiducia, non c'è feeling, mi tiri di spalle, sei scomodo da allacciare. Lo so non è colpa tua se sei solo un regalo d'addio. E poi, bando ai sentimentalismi, è acqua passata, ma quando infilo le braccia nelle tue maniche mi sento soffocare, mi opprimi, sei ruvido. Ti stimo ma non mi fido di te cappotto blu: non mi stai bene.

Ecco qual era il problema. Non eravamo nati l'uno per l'altra. Da quel giorno il cappotto che mi hai dato tu lo ha sempre indossato mia madre. Per decine di inverni l'ho vista arrivare da lontano, elegantissima in quel blu brillante e, diciamolo, di eccellente qualità, che spiccava tra i grigi e i neri dell'inverno più banale. E finalmente l'ho potuto prendere a braccetto, avviluppata nel mio cappotto marrone che ha quel collo enorme di peluche che diventa un cappuccio e scende morbido sulle mie forme morbide. Un cappotto affettuoso che non si offende se gli lascio la fodera delle tasche bucherellata, se ogni tanto gli cambio i bottoni, se un anno lo dimentico nell'armadio per riscoprirlo più nuovo l'anno dopo. Ce ne siamo andati così a passeggio, mia madre, io e i miei due cappotti per oltre trent'anni. Con altri fidanzati nel cuore.

Le scarpe arancioni

A casa mia quando si torna da un viaggio si portano regali a tutti. Quella volta, da Parigi non avevo portato niente per mia madre. Per non fare quella che: ti sei dimenticata proprio della mamma! le ho ceduto un paio di meravigliose scarpe arancioni, di vernice lucente, tacco grosso e punta quadrata (tipico modello Crepax/Crepas) che avevo comperato per me. Tanto non se le sarebbe mai messe. Dimenticate da entrambe.

Poi, arriva un giorno che... Mamma mi presti quelle scarpe arancioni che ehm ti avevo regalato? "Uff quelle? Non so più quanto tempo fa il papà le ha buttate dalla finestra". A casa mia succede così, ci si ama, si litiga, ci si tradisce, ci si lancia anima e corpo nelle cose, ma i bambini (i figli) non devono sapere.

L'autogrill

A casa nostra che non siamo certo persone di chiesa, il luogo di culto è l'autogrill. Franco crede nell'autogrill come area salvifica. L'autogrill con i suoi banchi protettivi pieni di cose belle, buone e giuste. L'autogrill con i parcheggi accoglienti dove non serve nemmeno chiudere la macchina. Lui adora le cassiere e cerca sempre di sbirciare oltre le caramelle e i biglietti della lotteria per gustarne un'immagine più completa. Guai se non ci fosse il selfservice con la minerale frizzante freddissima e la pasta molliccia e la macedonia un po' ingiallita. Tutti noi abbiamo fiducia nell'autogrill anche se al selfservice Gigi preferisce la Rustichella, magari metà per uno.

Gli elettrodomestici

A casa mia la lavatrice specialmente ma anche il frigo e in ultimo la lavapiatti sono una compagnia e in molti casi un aiuto psicologico e organizzativo per la mente.

Per molti anni, ventotto per la precisione, abbiamo abitato tutti in una grande casa. Ognuno avrebbe dovuto avere la sua privacy in un proprio appartamento ma non è stato esattamente così. A onor del vero l'unica che ha sempre rispettato le case altrui è stata Quellacritina di mia madre. Comunque forti dei nostri ideali di allora molto comunisti avevamo deciso in stile sovietico di avere una sola lavatrice per tutti i condomini. All'inizio è stato divertente cercare le proprie mutande nei cassetti degli altri e trovare calze appaiate di misure e colori diversi. Poi ci si è dati una regola. Dopo una breve riunione di condominio sul pianerottolo si è deciso: Boverocrepax avrebbe indossato solo calze blu, Gigi Zazzeri mio marito solo calze rosse e mio fratello che facesse quello che gli pareva ma né blu né rosse. È nato così il personaggio di Redsox, l'uomo dalla straordinaria eleganza e dal supremo snobismo che in qualsiasi occasione ha sempre e solo indossato calze rosse.

Memori degli insegnamenti della puericultura americana che un giorno sì e uno no diceva il contrario di quello che aveva appena affermato abbiamo sempre piazzato i neonati, protetti da ottimi seggiolini, sulla lavatrice in moto, pare che il tremolio del lavaggio, il frullio del risciacquo e lo sventagliamento della centrifuga favorisse il riposo di quei bambini che appena un po' cresciuti venivano invece sistemati davanti all'oblò come fossero al cinema.

Di fronte al programma lana mia madre, donna ferma nei suoi principi, severa ma giusta, ha sempre perso il lume della ragione. Convinta di essere la massima esperta mondiale di quel miracoloso lavaggio ha spesso preso a spintoni chi le si avvicinava durante la difficile scelta della temperatura o dei giri di centrifuga. Sostituirsi a lei è sempre stato impossibile. Tastare capi lavati dopo i suoi scientifici esperimenti e storcere il naso sarebbe stata un'offesa imperdonabile. Comunque quando si è tanti in famiglia anche un golf infeltrito trova un corpo da riscaldare.

Quasi tutti, passando davanti alla lavatrice le rivolgono un pensiero o una parola. "Dai ti prego spicciati", "Oh madonna sei ancora lì?", dall'altra stanza: "Sì, ho capito che hai finito, adesso arrivo, abbi pazienza". Fino alle implorazioni più struggenti di fronte a piccole perdite: "No, ti prego no lo fare adesso che devo uscire", "Ecco, lo sapevo, averti trattato sempre con tutti i riguardi non è servito a niente".

Io credevo che fare la lavatrice fosse un cerimoniale antico e molto personale. Femminile soprattutto. Poi ho scoperto che per Lanfranco Vaccari, grande inviato di guerra, direttore di giornali seri, la lavatrice è una passione, una ragione di vita, molto più che uno stupido hobby, è un esercizio per la mente e per lo spirito. Suddivide, separa, ammolla, smacchia, pretende oblò trasparentissimi per un controllo perpetuo del procedimento: lava, sciacqua, strizza.

Comunque sì, io credo che il rapporto con la lavatrice abbia per tutti qualcosa di intimo. Ma mia figlia, per un breve periodo sotto il mio stesso tetto, ha sconvolto le mie certezze. Alcune cose, anche nelle famiglie più aperte, dovrebbero rimanere segrete, non dovrebbero mai essere argomento di conversazione. Ognuno ha i suoi tabù che esigono rispetto. E invece no. È stato come uno schiaffo quando l'Alice, con l'insolenza tipica di chi ormai ha guadagnato una totale autonomia dalla famiglia e dalla mamma, ha sentenziato senza protervia, ma con tono di scherno: "Per te la biancheria, siccome si chiama bianche-ria, va trattata come fosse bianca anche quando non lo è". Violata nella mia privacy ho sentito traballare le mie certezze. A nulla è valso consultarmi con mia madre, la grande esperta, da quel momento il cestello, il cassettino e lo sportello sono diventati uno strumento di tortura, mi sento controllata e giudicata. Eppure lo giuro, mai che un rosso abbia ceduto parte della sua enfasi a un bianco, mai che un filo si sia ritorto più del necessario, mai che una spugna abbia perso sofficità. E soprattutto, lo dico con orgoglio, mai che io abbia dovuto cedere agli immondi espedienti salva-colore. Prima potevo dichiarare, come Lanfranco Vaccari, che il mio era un bucato da esposizione. Poi si è spezzato qualcosa. Adesso sento aleggiare intorno a me una compassionevole aria di sfiducia, ho perso gran parte della mia baldanza. Il tasto stirameno lampeggia nel mio cervello come un'ossessione. E mentre mio padre trema perché teme che non gli rinnovino la patente per superati limiti di età io mi chiedo: fino a quanti anni si può esercitare l'arte della washing machine senza che ti affianchino una badante?

Ode al frigo

Caro, viviamo insieme dal 1991 e io ti sono grata ogni giorno che passa per la tua fedeltà. Tu, testimone muto di ogni mia trasgressione. Tu, che porti aggrappato e calamitato su di te il peso dei miei ricordi, dei miei sogni, dei miei capricci e dei miei rimpianti. Taci, ma dentro di te mille parole prendono forma e colore e, quando ti apri, mi offri tutto di te senza riserve, senza pudore. Assecondi il mio bisogno di mordere, di abbeverarmi e di succhiare. Sostieni con mille arguzie la mia creatività e sei lo stimolo concreto alla mia fantasia. I tuoi sporadici e ritmati brontolii mi riportano con garbo alla realtà, che fai di tutto per rendermi gradevole, facile, leggera. Da sempre. Ti merito? Non so. Io cerco di riempire i tuoi spazi con criteri sempre nuovi perché non sia la monotonia a distruggere la tua verve. Scusami, a volte abuso della tua pazienza costringendoti a sforzi esagerati, ma poi ti accarezzo e ti profumo. Ti parlo, rispondi a modo tuo. Oggi hai tremato, con la grazia di chi invecchia con dignità. Passami un finocchio, festeggeremo con un'insalata. Ti amo, frigorifero mio.

La televisione

A casa nostra la televisione è una di quelle cose che siccome si possono accendere la si accende. Esattamente come la luce anche quando c'è luce. Insomma se un Crepax (non un Crepas) passa davanti a un interruttore in modalità off con gesto automatico lo mette in modalità on. A noi la corrente elettrica piace molto. Ai bambini è sempre stato dato il permesso di guardare la televisione. E quando c'è stata tutta la serie dei telefilm di Hitchcock alle due di notte accendevamo anche la sveglia per non perdercene uno.

Da sempre ascoltiamo due o tre telegiornali come se ci aspettassimo notizie diverse da uno all'altro. A me piace il regionale indipendentemente dalla regione. Alla Luciana Mentana dovunque sia, inteso come canale, e la Gruber e la Annunziata e la Latella ma perché mette sempre le donne al primo posto. Franco quando era giovane guardava la boxe. Chi ha l'insonnia guarda un film.

A casa mia mia la televisione più che guardarla si ascolta anche perché è piccola, lassù in cucina, coperta da una patina di grassi alimentari cui la nicotina si appiccica meglio. Quella grande, in salotto la accendiamo solo nelle grandi occasioni. La ascoltiamo e intanto facciamo altro: due chiacchiere, una cotoletta, *La Settimana Enigmistica*, qualche bottone da cucire, l'insalata mista, un po' di Leosini. In poche parole la guardiamo a robottino. Se c'è un telefilm no. Le attività si bloccano. Io appoggio il lavoro a maglia o la forchetta, Gigi alza il volume e lascia che la pipa si spenga o si accende una sigaretta a seconda del vizio del momento. Le attività alternative di entrambi si bloccano come nel fermo immagine dello spot del Campari, ci si imbambola con la bocca un po' aperta. Intimamente felici che il telefono non squilli, che alla signora del piano di sopra non caschi per terra prima la pentola e poi il coperchio, che ogni funzione corporale si paralizzi, ci inchiodiamo alla tivù.

Ogni tanto lui sposta lo sguardo dallo schermo con furtiva velocità volpina e mi dice: "Carino questo, eh?" Per buona educazione e per rispetto non annuisco permettendogli di riportare subito l'attenzione alla televisione e rispondo semplicemente: "Sì, carino davvero". Alla fine, sui titoli di coda, capita spesso, anzi spessissimo, quasi sempre, sempre direi che io senza amarezza dica: "Questo però l'avevamo già visto". Mio marito è un uomo onesto e, riaccendendo la pipa, risponde con fierezza: "Sì".

Giochi

A casa Crepax si gioca a giochi normali tipo trenino, casetta delle bambole, scuola per peluche, paroliamo, salto delle rane, gara di cruciverba, moscacieca e battaglia con pistole a acqua. Franco gioca a scacchi. Certo il biliardo è stato uno dei giochi che hanno reso la casa di Boverocrepax un vero punto di ritrovo per varie generazioni, quella di Leone dalle elementari all'università è stata la più boccettistica di tutte. Il biliardo comunque è sempre precettato da chi deve stendere bene il suo lavoro a maglia per controllare le cuciture e resta indispensabile per poter accorciare due gambe di pantaloni alla stessa lunghezza. Io lo uso per leggere i giornali.

A casa Crepas si gioca diverso perché i giochi li ha inventati Guido. D'estate andavano tantissimo il gioco del ciclismo e quello del pugilato con il piccolo ring di cartone molto adatto al piccolo tavolo da pranzo nella casa della nonna. A Guido non è mai piaciuto perdere e a suo figlio Antonio, il maggiore, ancora meno. Erano urla, pugni battuti sul tavolo, dadi che volavano minacciando i vasi di Murano, insulti e perfino parolacce e

D'estate andavano tantissimo il gioco del ciclismo e quello del pugilato con il piccolo ring di cartone molto adatto al piccolo tavolo da pranzo nella casa della nonna.

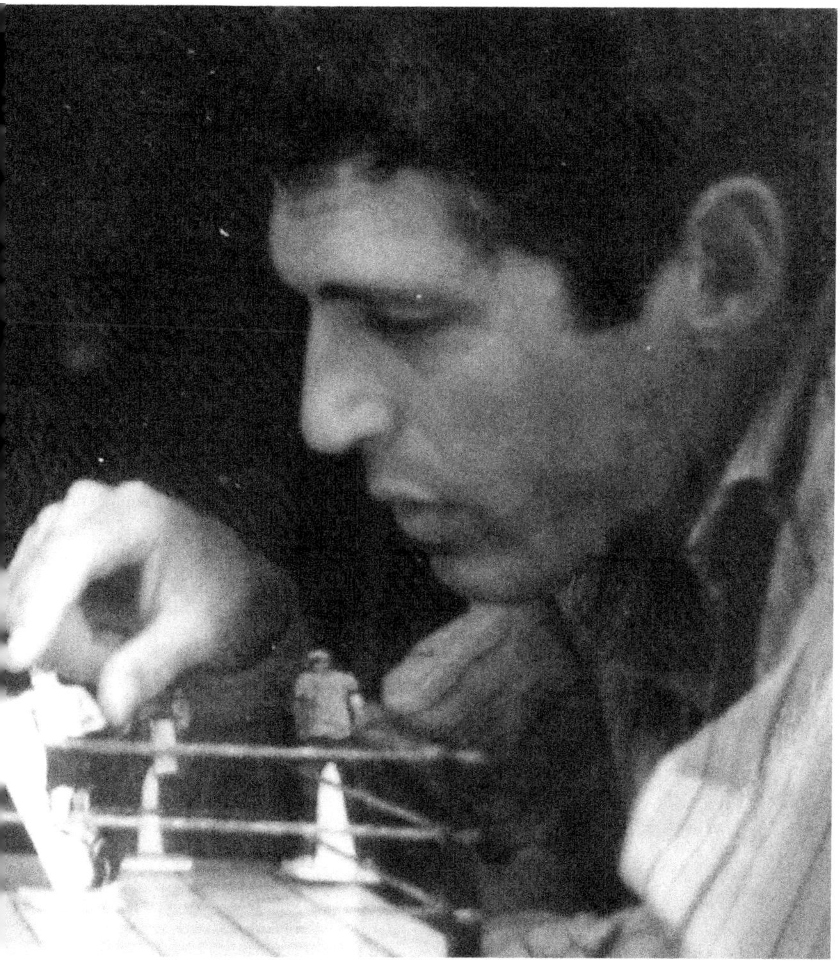

lacrime. La nonna, pur di farli smettere e mangiarsi qualcosa di dolce mi mandava a prendere un gelato. Ma poi ricominciavano, finché Guido non tirava fuori i suoi cartoni bianchi e si metteva a disegnare con i fumi che gli uscivano dalle orecchie. Secondo me ha sempre usato il cartoncino dopo quella volta che, in via Settala, aprendo la finestra tutto il suo lavoro su carta leggera è volato in strada. Allora anche se il gracchiare delle lamette da barba (ne teneva un sacco attaccate a una calamita rossa), che usava sempre per alleggerire il nero della china era più fastidioso delle grida e delle proteste dei perdenti, nessuno protestava più.

Con le grandi tavole delle battaglie di Waterloo e di Trafalgar si giocava a Milano, sul tavolo da disegno con Emilio Tadini, i fratelli Abbado, Francesco Casetti, Sergio Toppi e Dino Battaglia. Adulti che urlavano e lanciavano dadi con una violenza mai pari a quella di Guido.

Con le grandi tavole delle battaglie di Waterloo e di Trafalgar si giocava a Milano, sul tavolo da disegno con Emilio Tadini, i fratelli Abbado, Francesco Casetti, Sergio Toppi e Dino Battaglia. Adulti che urlavano e lanciavano dadi con una violenza mai pari a quella di Guido.

LA SERA DI QUELLO STESSO GIORNO, DA AMICI DI MARISA, SI GIOCA ALLA BATTAGLIA DI PAVIA...
EH, SÌ... IO NON LA RICONOSCO NEANCHE!
ECCO, QUI CI VORREBBE QUALCUNO CON MOLTA FORTUNA!
MARISA, ALLORA! MA A LEI QUESTI GIOCHI NON PIACCIONO PER NIENTE!
COME, MARISA, FUMI UNA SVIZZERA?!
HAI VISTO LA MISE DI MARISA?
CERTO, CON LA MINIGONNA SEMBRA PERFINO MENO ALTA!
...MA QUESTA È SOLO UNA TUA IMPRESSIONE!..
EPPURE...
...NON L'HO MAI SENTITA DIRE DELLE COSE SIMILI!
...EFFETTIVAMENTE È MOLTO STRANO!

Le tette

Probabilmente per contrastare fianchi e culo a violoncello della Valentina di carta e affermare la mia unicità, incubo di tutte le adolescenti, anche di quelle che non devono combattere con un alter ego che fa mostra di sé in tutte le edicole sulla copertina di *Linus*, la natura mi ha fornito di tette fuori misura e soprattutto fuori moda. Un incubo. Ti svegli una mattina e ti rendi conto che la parte davanti del tuo corpo, quella che normalmente offri per prima come immagine di te al pubblico, ha subito un mutamento nel corso della notte. Due piccole protuberanze simmetriche e parallele, sotto il collo e sopra l'ombelico, un bel po' sopra l'ombelico, che da quel momento in poi creeranno ufficialmente la differenza non solo tra te e i maschi, anche tra te e le altre femmine di carne o di carta.

Con pochissimo tatto la gente non ti dà nemmeno il tempo di rendertene conto. Da subito tutti ti dicono: "Ora che sei diventata grande", "Ora che non sei più una bambina" o peggio "Adesso sei una signorina", affermazioni destabilizzanti che ti buttano nello sconcerto.

Il peggio arriva nei giorni immediatamente successivi. Osservi te stessa con stupore e imbarazzo e osservi anche le tue coetanee con interesse millimetrico. Anche la Tullia ha due sporgenze a punta perpendicolari al corpo, lo stesso succede a Eloisa, ma a Silvana no... per non parlare della piccola Egizia: piatta come un'autostrada. Dopo una settimana hai due vere tette, un po' rosse per lo sforzo. Pomp-pomp. Ogni notte, non si sa chi gli dà una gonfiatina. Non te la senti più di fare a chi arriva prima in fondo a via Conservatorio perché, buttata la cartella per terra tra due auto parcheggiate, ti resta sempre un peso al quale non eri abituata, uno zaino appeso nel posto sbagliato. Certo, anche la mamma, la nonna, le zie, la prof di solfeggio e quella di storia hanno le tette, ma io non ci avevo mai fatto caso. O meglio ci avevo fatto caso ma mai e poi mai avevo previsto il momento in cui anche sul mio corpo (si ha un'idea di corpo a quell'età?) sarebbero cresciute quelle cose lì, né, tanto meno, avevo previsto come affrontare la situazione. Molto più difficili da gestire di altre manifestazioni di crescita prettamente femminili che si possono nascondere con un paio di mutande, che sono intime e segrete: le tette le vedono tutti... anche attraverso golfettoni e magliette, anche se cammini con le spalle curve, anche se ci tieni le braccia conserte sopra. Le mie, poi, nel giro di pochi giorni sono diventate due tette grandi, anzi, direi grosse. Sotto lo sguardo perplesso di mia sorella, la quale sostiene che la distribuzione del volume delle tette tra i membri femmina di una stessa famiglia è l'esemplificazione concreta dell'ingiustizia nel mondo.

Com'è e come non è, da più di mezzo secolo io e le mie tettone viviamo insieme e sempre abbiamo cercato modi di convivenza pacifici, ma non sempre ci siamo riuscite. Il primo litigio lo abbiamo avuto quando ho cercato di costringerle in un reggipetto. Va precisato che secondo me il reggiseno è un vezzo, mentre il reggipetto, anche quando non deve ancora combattere contro la forza di gravità, ha una funzione contenitiva e stabilizzante, quindi ritengo che il reggiseno arrivi fino alla terza misura, oltre si chiama reggipetto. E basta. Dicevo, se il reggipetto si allaccia ben saldo dietro la schiena vuol dire che non è della taglia giusta a contenere anche le tette e che le poverette sono costrette a schiacciarsi contro il costato il che potrebbe indurle a frenare la loro esuberante voglia di crescere e comunque favorisce uno straordinario "effetto piatto". Le ho compresse per anni, senza risultati. C'è voluto un sacco prima che gli americani e poi i francesi e molto dopo gli italiani si rendessero conto che anche una magra e filiforme adolescente potesse avere grosse tette e inventassero le taglie a coppa B, C, D e perfino E, detto tra noi quelle della E mi fanno davvero pena. Per non parlare dei costumi da bagno... e qui devo dedicare un piccolo ma significativo pensiero alle vacanze in gommone o in motoscafo: non importa se le tue appendici tette sono sode, stagne, piazzate al posto giusto e ben ancorate al corpo, una gita su quei natanti che saltano sulla schiuma (neanche sulle onde) provoca alle suddette protuberanze uno shock frullico-centrifugo che lascia strascichi per tutta la giornata.

Chi non ha provato, poi, a seguire anche timidamente e da lontano la moda non può capire. Vietate le camicette sciancrate i cui bottoni, al primo tentativo, schizzano via come proiettili impazziti, vietatissimi i vestiti a vita alta... a me quel taglio che dovrebbe stare sotto il seno mi arriva giusto giusto a metà petto conferendo al modello un indesiderato effetto premaman. Per non parlare delle cinture che, invece, fanno l'effetto a vita alta. Un paio di jeans aderenti? Dalla vita salta fuori una cornucopia. Rock'n'roll? Neanche a parlarne, è esattamente come una gita in gommone!

Al mio personalissimo rapporto con le mie tettone coppa D vanno aggiunte le difficoltà che arrivano dall'esterno che ribadisco, da oltre quarant'anni, classifico tra le esternazioni del pubblico. Sì perché di pubblico si tratta... o come volete chiamare quelli e anche quelle che vi guardano, vi osservano, vi scrutano e commentano. Le mie tette sono diventate: davanzale, balconata, senato. Colte al volo per la strada: "Che tette te le mangerei", "C'è di che rendere pazzo un onest'uomo", "Dai, fammele toccare" e così via. E intanto che le amiche facevano la prova con la coppa di champagne, inserendo comodamente i loro senini ricoperti di pizzo io cercavo invano un'insalatiera per i miei senoni calzati di tessuto elastico nero (l'unico in grado di non segarli a metà quadruplicandoli), sorseggiando dubbiosa un *Supervixen* (tettona), cocktail a base di rum bianco, creato da mio marito in mio onore. È facile intuire cosa penso delle protesi al silicone!

Finché un bel giorno da Milano parto per il sud e scopro di non essere più completamente sola e di reggere a meraviglia il confronto! Ho eletto Napoli a mia seconda patria, fermo un taxi, mi chino al finestrino del conducente e gli chiedo quanto mi costa andare da un capo all'altro della città, lui sfodera il suo sguardo più lieto che appoggia sognante sul mio davanzale e dice: "A vui ve port pè senza nènt".

La moda

A noi quello che è di moda non ci piace. O almeno ci piace così così. Vabbè non parliamo di Franco che con il suo stile franchestiniano ha sempre ondeggiato tra il cafonal-chic e il radical-chic il cui guardaroba mostra in prima fila, tra qualche paia di Church's color becco d'oca modello Consul (quello per piedi affusolati quali i suoi non sono), un paio di stivaletti neri anni Sessanta perfettamente Beatles e un paio di stringate di camoscio turchese in perfetto stile I Cugini di Campagna. Non parliamo dei suoi giubbini gay-friendly di lino e seta che quando li abbinava alla salopette di jeans OshKosh ci facevano cambiare marciapiede se lo incontravamo per la strada. E non nominiamo nemmeno la sua passione per gli estrosi tagli di capelli, anche se resta nella storia l'ormai famoso taglio alla Moicano. Una straordinaria foggia che prevede la totale rasatura della testa esclusa una striscia centrale larga due dita, se l'idea viene in agosto, com'è venuta a mio padre, il risultato del sole sulla pelle glabra mai esposta prima alla luce è un immediato palpabile gonfiore rosa carico. In parole povere: due chiappe in testa. Ma vabbè da uno che ci ha sempre accompagnato a scuola in pigiama, sotto al loden, non ci si può aspettare altro o ci si può aspettare molto altro.

Strano a dirsi ma è sempre stato un uomo elegante, con le sue giacche tirolesi, i pantaloni un po' sformati e il tabarro con il colletto di pelliccia. Più eccentrico di suo fratello e del mio. Il mio riconoscibile ovunque per via del papillon, il suo per i tweed. Tutti e tre più i due figli di Guido, più tutti quelli più piccoli perennemente avvolti nei golf fatti in casa.

Anche il lato femminile della famiglia ha sempre avuto le sue peculiarità. Non sono mai state previste scarpe a tacco che non avessero anche il cinturino. A questo proposito Quellacritina di mia madre (stavolta più che mai) ha sempre sentenziato che la vera eleganza sta nell'avere due paia di scarpe identiche ma di diverso colore, peccato che il commesso di Quinté (vecchio negozio chic all'angolo di via della Spiga) le avesse consegnato due scatole ciascuna con dentro una scarpa blu e una nera e lei non se ne sia accorta che quindici anni dopo aver indossato a volte quelle nere e a volte quelle blu. Ma non importa, la Luciana con la sua taglia 42 secca è stata un esempio per tutti anche se nessuno è mai riuscito a imitarla. Ne era consapevole e fiera a maggior ragione quando i pantaloni che l'avevano stufata se li contendevano le sue nipoti adolescenti.

Una regola ferrea del guardaroba Crepas/Crepax infatti è sempre stata quella della roba che passa di mano in mano. Il guardaroba di Delfino Sisto Legnani ha vestito l'infanzia di Leone che forte della sua identità pretendeva che si sostituissero le etichette Aspesi, Armani e Loden Fray con altre fatte in casa dove spiccava il suo nome Leone Rossetti. Il cappottino di Moschino che Hélène Cadario ha passato a mia sorella gode di vita nuova da decenni e, ultima ma non ultima la Alice nel cui armadio si è riversato quello della nostra doc di fiducia Carlotta Castellani. I golf che faccio io, sempre troppo piccoli finiscono a casa Neef dove vanno da pazzi le taglie minuscole.

A Franco va il merito di essere sempre stato un giudice severo che ci ha salvato da mediocrità e sbavature; giusto l'altro giorno mi ha detto: "Le suole delle tue scarpe sono rozze".

Io e mia madre

Mamma hai bisogno di qualcosa?
Non fare domande che impongano risposte volgari!

Pronto mamma, come va?
Non prendo in considerazione il suicidio in contemporanea perché sublima il concetto di coppia.

Mamma non ti scapicollare giù dalle scale. (Lei rallenta e avanza incerta).
Mamma attenta al gradino!
Lo vedo, esitavo per darti un po' di soddisfazione.

Dico: Mamma sei stata attenta alle spine?
Adesso non esagerare con l'accudimento dei vecchi, da quando il pollo ha le spine?

Mamma avete mangiato le seppie con i piselli?

Buonissime, ma quei vermini bianchi erano seppie? Credevo che fosse riso.

Franco

Al compleanno di qualcuno di noi adolescente: Perché non ti suicidi come fanno tutti i tuoi coetanei?

Alla Luciana: Bisogna che i nostri figli sappiano che io preferisco Gigi.

A ciascuno di noi separatamente: Io preferisco te ma non dirlo ai tuoi fratelli.

A una bellissima signora con i capelli bianchi che ha urtato su un piccolo marciapiede: Oh, signora mi scusi, l'avevo scambiata per Massimo D'Alema.

A se stesso mentre aspettava sua madre: Beato Remì che è orfano.

Alice

Mamma ho trovato un pensionato adatto a te, prendono in custodia anziani con il loro animaletto da compagnia.

Matilda

Gigi non può fare nessun animale, può fare solo Gigi.

Io sono il capitano di mia sorella.

Io

Io: Mati non si dice cacchio. Lei: Non è una parolaccia.

Io: Cazzo o cacchio è uguale. Lei: Sì ma cacchio è più femminile.

Camilla

Non so cosa sto disegnando, lo deciderà il mio cervello quando avrò finito.

Ho gli occhi in ogni cosa, anche quando non ci sono vedo tutto, davanti e dietro.

Nonna non importa se sei battezzata, il battesimo non conta.

Paco

I piselli si smontano e così vivono tutti insieme nella ciotola, anche quelli che nel guscio erano solo in due.

Quando uno è morto vuol dire che è scomparso per sempre.

Quando vado a dormire dove va l'altro io?

Gigi

Se mai un giorno qualcuno mi costringesse a scegliere tra te e il mio lavoro sceglierei il mio lavoro.

Conclusione

Freud ha detto che il legame tra madri e figli si basa principalmente sulla necessità dei bambini di essere nutriti. Lorenz ha puntato solo sull'imprinting, ma quelle erano anitre. Il dottor Spock ha detto tutto e il contrario di tutto per poi tornare al tutto precedente. Anche Marcello Bernardi pare abbia avuto qualche ripensamento sul fatto di lasciare i figli liberi da sbarre protettive. John Bowlby ha elaborato invece la teoria dell'attaccamento, del contatto epidermico con i genitori, una vicinanza solo fisica che protegga, sostenga e stimoli. Sant'Agostino, perfettamente in linea con gli studi dell'università di Saint Louis, sosteneva che l'amore della famiglia nei primi anni di vita è tutto. Talmente tutto che i bambini coccolati e vezzeggiati sviluppano l'ippocampo del dieci per cento in più; l'area del cervello fondamentale nella gestione di apprendimento, memoria e stress.

E noi? Noi siamo i figli di una generazione illuminata a robottino dal primo dottor Spock che ci faceva piangere a più non posso dietro a una porta chiusa perché fossimo liberi di smettere quando ci pareva. Noi ci siamo addormentati con il cullare meccanico delle prime lavatrici. Noi siamo andati alla scuola Maria Montessori che, nonostante i suoi meriti, aveva abbandonato l'unico figlio perché era illegittimo. Noi abbiamo avuto i mezzi confusi per arrangiarci da soli grazie a quello che si chiama "amore concreto" gestito con l'autoironia dell'incompetenza. Ecco perché noi Crepax e Crepas è con consapevole orgoglio che cerchiamo di trasmettere ai nostri figli e ai nostri nipoti le regole scombiccherate di una famiglia borghese. Senza contenitore.

Lettera di Natalia Aspesi all'autrice

Mentre ricordavi hai capito di essere molto fortunata? Mentre ti leggevo ho pensato ma davvero, che dono meraviglioso è stata la mia vita, essere vecchia oggi e quindi giovane allora, in quel tempo ormai sepolto, non solo per noi ma per tutti, un tempo che aveva un futuro, e nessuno immaginava sarebbe stato cattivo come questo. Io ero amica della tua mamma e del tuo papà, anzi, mi par di ricordare di aver conosciuto prima Franco, bello, simpatico e crudelissimo con noi supplicanti giornaliste del futile; e immagino quindi che sia stato lui a invitarmi in quell'enorme appartamento con pareti e soffitti William Morris, tanto per infastidire secondo le vostre abitudini le mode come la suprema tendenza dell'arredamento allo zigozago, cioè al design più scandinavo possibile. La spettrale *Vittoria Alata* di Wildt con due buchi al posto degli occhi nell'atrio di palazzo Berri Meregalli dove abitavate mi metteva sempre a disagio, ma poi si varcava la porta di casa Crepax e ci si trovava in un luogo che talvolta appariva magico talvolta minaccioso, molto colore, molte ombre, molte stravaganze fiabesche. La

Luciana tua madre era seduta su uno dei tanti divani e se non me la invento stava sempre lavorando ai ferri col punto a rovescio capi enigmatici che poi non ho mai visto su nessuno della famiglia. Tu eri bambina e poi sono venuti altri due bambini, e io dei bambini ho paura perché non gli interesso per niente, per cui le prime notizie interessanti che ho di te sono di quando, tredicenne, credo sulla spiaggia di Forte dei Marmi, portavi sul davanti del costume da bagno, giusto sotto la gola, due poppe apparentemente di marmo, mi dicono con pochissima innocenza. La Luciana sotto l'ombrellone con il suo raffinato torace collinare osservava, un libro in mano, e quando la ressa maschile si faceva eccessiva placidamente avvertiva, "Mia figlia ha appena compiuto tredici anni", e gli affannati cacciatori arrossivano e se la davano a gambe. Che anni speciali! Le canzoni italiane erano geniali, il festival di Sanremo davvero entusiasmante. Il tuo papà aveva inventato la Cinquetti ed Endrigo, Gaber e i Pooh, Ornella Vanoni e gli Squallor, Gino Paoli e Umberto Bindi, Riky Gianco e Johnny Dorelli, Massimo Ranieri e Marcella Bella, e venduto trecento milioni di dischi: e io, che allora ero una vera giornalista, li inseguivo persino al Cantagiro, e vissi notte e giorno con la Caselli durante un suo tour dove interi paesi si buttavano ai piedi del suo caschetto. C'è chi sostiene che riuscii a intervistare Gino Paoli segregato in ospedale dopo essersi sparato al cuore, ma io non lo ricordo. Più radical chic di voi, più Crepax dei Crepas non c'era nessuno, indisturbati, poi, perché quel pregevole insulto non era ancora stato inventato, non solo, ma ancora era normale leggere i quotidiani, applaudire Berlinguer, nessuno sghignazzava se leggevi due libri la settimana né ti menavano se ti dichiaravi comunista, perché tutta la crème de la crème, operaia e intellettuale, lo era. Insomma, si era davvero felici, e tra i pochi spaventi che ci venivano inferti c'era l'obbligo mondano di andare nelle gallerie d'arte che organizzavano noiosissimi happening, quasi tutte in minigonna, per un paio d'anni addirittura in minishorts. Intanto con massimo rumoroso entusiasmo la luminosa Valentina era diventata ragazza madre, il che era ormai quasi chic, dieci anni dopo che Mina, annunciandolo festosa, era stata bandita dalla tv ed esecrata dalle parrocchie. In casa Crepax la gioia si allargò a dismisura e non si volle sapere nulla del padre facilone, come capitava ancora che fossero i maschi quando l'unico contraccettivo era un loro odioso salto all'indietro: poi il ragazzo la cui madre aveva suggerito di sbrigarsela con un reato d'aborto divenne adulto, ed è un amabile, geniale, regista italiano. I Crepas li conoscevo poco, mi facevano impressione, perché Guido era un po' troppo tenebroso e celebre, sua moglie troppo fatata, e la Valentina disegnata che faceva impazzire tutti mi era sommamente antipatica, non so perché, e su *Linus* la saltavo sempre, innamorata di Patty, Olivia, Daisy Mae, delle cui mutande non si sapeva niente. I Crepax invece, temendoli, li adoravo, soprattutto dopo che, abbandonato Wildt e le sue stregonerie, avevano occupato a Città Studi un'immensa villa liberty, l'ex fabbrica di dischi CGD, scaloni, un terrazzone che poi era un tetto, quattro appartamenti: quello di Valentina, con viavai incessante di amici e poi installazione di Gigi, innamorato implacabile dall'adolescenza tenuto di scorta e sposato con massima felicità di entrambi: bruttino, lo amavamo in massa, invidiose. Poi c'era la casa del fratello Nicola, dove non mi fu mai concesso di entrare, prima da una fidanzata già punk, poi da una moglie gelosa, infine da due gemelle superbe. Per un po' anche la Margherita ne ebbe uno, ma poi si sposò e andò a vivere per un po' a Bassano del Grappa. Poi c'era il castello delle fate, dove, sempre incoronato da William Morris, c'era un salone tipo antro delle streghe, bellissimo, emozionante, provvisto di un antico biliardo immenso ai tempi utilizzato da ogni ospite e di una casa delle bambole antica, grande come un monolocale, dove non mancavano neppure i cucchiaini da tè. Io, che come tutte le bambine non ricche dei miei tempi a Natale ricevevo come regalo un paio di mandarini, non smettevo di scandagliarla, centimetro per centimetro, avidamente. Non so che fine abbia fatto, la comprerei subito. Nella villa c'era sempre festa, troppi bambini per il mio gusto, bambini amati da tutti gli adulti con una passione che mi faceva sudare, che mi scansavano con occhi feroci. Di sera tra molte noccioline e olive e tartinette con intrugli buonissimi c'era spesso il famoso sartù napoletano che, apprendo adesso dal libro, era il solo piatto che la Luciana si curava di fare, disdegnato dalle sue marocchine padronali anche loro innamorate, come qualsiasi femmina o altro, di Franco, il quale trattava malissimo noi signore, ridendoci in faccia, e noi sempre più decise a fissare i suoi occhi azzurri (che però erano neri): qualcuna delle mie colleghe cercò un breve incontro, ma figuriamoci, alla Luciana, me lo ricordo, bastava uno sguardo. La Luciana era una regina molto renitente cui tutti si sottomettevano. Non c'era maschio che non la adorasse, perché dal suo corpo sottile, dalle sue belle gambe, della sua pettinatura a caschetto sapeva trarre un irrisolvibile mistero che mi auguro si sia poi qualche volta concretizzato in una storia. Prima della legge sul divorzio, perché poi, certo, non c'era più il gusto del peccato. Le serate si svolgevano rumorosamente con i bicchieri sempre pieni tra gli appartamenti e le scale, ed erano gli anni in cui gli intellettuali pullulavano: lì li trovavi tutti, architetti, musicisti, scrittori, cantanti, industriali coltissimi del disco e dell'editoria, firme del giornalismo anche minime, qualche cineregista di passaggio. Insomma, si stava molto bene, era bello, tornavi a casa piena di calore: ogni giorno era il futuro e si era molto ottimisti sognando falce e martello perché il telefono aveva ancora il filo e non c'era la tomba di Facebook e tutto il resto. C'era anche il terrorismo, un po' deprecato un po' no, ma nessuno se ne ricorda più, si ha più paura adesso, di quasi tutto. I bambini di derivazione Crepax sono ormai una folla in parte adulta, il mondo regolato da madre zia nonna Valentina si è esteso tenendomi lontana. Non c'è più una vera casa Crepax, o almeno io non la conosco, a riunire le teste creative di bellezza e speranza: non è che non ce ne siano più, forse ce n'è di meno, ma son tutti in televisione, tutte le sere a tutte le ore in tutti i canali, a umiliare la loro sapienza con villanzoni che gridano bugie e cattiverie. Cara Valentina, quanto mi consola la tua storia, Franco, Luciana, Gigi non ci sono più ma che fortuna poterli ricordare. Grazie.

NATALIA ASPESI

INDICE DELLE FOTO E DEI DISEGNI

Pagina 14

Nonno Gilberto Crepax, il suo violoncello Rogeri, che ora suona il maestro Enrico Dindo, e la sua espressione mai contenta.

Pagina 15

Una tavola tratta da *Gli ussari della morte* che testimonia la grande passione di Guido per le biciclette e per i sederi.

Pagina 17

Nella prima foto: Franco giovanissimo in piazza san Marco con pantaloni bianchi a zampa e sandali.

Nella seconda foto: A Panarea. Franco come sempre in abbigliamento anticonformista.

Pagina 22

I miei genitori nel giorno del loro matrimonio, nonostante tutto durato settant'anni.

Pagina 26

Guido diciannovenne mi culla sul balcone della casa di via Settala.

Pagina 27

Con Franco e la Luciana sempre sullo stesso balcone di via Settala.

Pagina 28

Louise Brooks, l'attrice a cui si ispirò Guido per Valentina.

Pagine 30-31

Luisa e Guido nel 1965 ai Ronchi.

Pagina 36

Guido e Franco, rispettivamente poveretto e poveraccio, sul balcone della casa di via Zezon.

Pagina 40

In braccio a nonna Maria sempre sul balcone della casa di via Settala.

Pagina 41

Mia nonna e il suo elegante accavallamento. Borsetta Ferragamo.

Pagina 46

Guido, Gilberto e Maria sul balcone di via Zezon.

Pagina 52

Gilberto Crepax in una foto degli inizi della sua carriera di violoncellista, consapevole del suo fascino.

Pagine 54-55

Nella prima foto: Oscar (Volpe) con suo fratello Gilberto.

Nella seconda foto: Guido e Oscar in spiaggia a Cervia. (Parenti?)

Pagina 244

La casa della nonna ai Ronchi, costruita al contrario su progetto firmato da Guido.

Pagine 276-277

Risse al tavolo da gioco ai Ronchi fra Antonio e Guido.

Pagina 279

Una serata di gioco a casa di Guido. Lui è quello in alto sulla destra appoggiato al mobile. La Luisa si riconosce dal caschetto (e io la riconosco anche dal cinturino delle scarpe). Chissà gli altri chi sono?

Pagina 280

La tavola, invece, è tratta da *Un poco loco*, o dalla vita di Guido, a seconda di come la guardi. Da notare la sedia di vimini, una Margherita di Franco Albini per Bonacina. Seduta Luciana con vestito di crêpe di seta giallo e piume di struzzo di Gulp, comprato per il festival di Sanremo (ce l'abbiamo ancora).

Valentina Crepax, figlia del discografico Franco e nipote del fumettista Guido, è nata, vive e lavora a Milano. Ha cominciato a lavorare come giornalista di società e costume sui primi numeri di *la Repubblica* e ha proseguito in molti altri luoghi scrivendo di donne, cose e uomini. Ha catalogato bizzarri esemplari specialmente maschili in libri di estrosa scrittura, come *Gli uomini: istruzioni per l'uso* e *Tipi metropolitani*.

In copertina: © Eredi Guido Crepax
Progetto grafico: Polystudio

GIUNTI

www.giunti.it
www.bompiani.it

Tutte le famiglie felici si somigliano, ma questa no, non somiglia a nessun'altra. Nella felicità i Crepax sono inclini al riso, vivissimi, brillanti, inarrestabili. Adulti, bambini, cani, tartarughe, case e mezzi di trasporto, avi e fidanzati: l'appartenenza o la prossimità al casato porta un taglio di luce obliqua su ogni cosa e persona e tutto così diventa sketch, teatro, epopea.
Che si tratti di rivoltare un cappotto vecchio, affrontare una crisi famigliare, produrre musica o fumetti (e che musica, e che fumetti), tutti loro mostrano i tratti di una creatività istintiva che li rende, generazione dopo generazione, perfetti personaggi da romanzo. Eppure quelle che ci racconta la Valentina di carne (e non quella di carta, disegnata da uno zio geniale) sono storie di vita reale e quotidiana, a volte travagliate e dolorose, sempre attraversate dalla forza dirompente dell'ironia. Sullo sfondo, bellissima e riservata, la Milano degli anni Cinquanta, dove c'era da rifare tutto – la musica leggera, i giornali, l'arredamento, il modo di stare al mondo.
Finito di leggere il libro, un'amica che si chiama Natalia Aspesi ha scritto una lettera all'autrice: "Mentre ricordavi, hai capito di essere molto fortunata?". Fortunati siamo certo noi, a cui il libro di Valentina Crepax riporta l'umorismo naturale di una famiglia che ha speso con amore e senza mai risparmiarsi il suo talento nella Milano che stava inventandosi una vita meno agra.

Printed in Dunstable, United Kingdom

63479636R00180